A Wessinger, Hans N Witte, H. Herbers, Alfred Kirchhoff

Beiträge zur Namen-Verbesserung der Karten des Deutschen Reichs

A Wessinger, Hans N Witte, H. Herbers, Alfred Kirchhoff

Beiträge zur Namen-Verbesserung der Karten des Deutschen Reichs

ISBN/EAN: 9783743669017

Hergestellt in Europa, USA, Kanada, Australien, Japan

Cover: Foto ©Suzi / pixelio.de

Weitere Bücher finden Sie auf **www.hansebooks.com**

Beiträge

zur

Namen-Verbesserung der Karten

des

Deutschen Reichs.

Beiträge
zur
Namen-Verbesserung der Karten
des
Deutschen Reichs
von
A. Pessinger, H. Witte und H. Herbers.

Herausgegeben im Auftrag der Zentral-Kommission für wissenschaftliche Landeskunde von Deutschland und mit einem Schlußwort versehen

von
Alfred Kirchhoff.

Leipzig,
Verlag von Gustav Uhl.
1892.

Inhalt.

I.
Die Rechtschreibung der deutschen Ortsnamen, begutachtet auf Grund der südbayrischen Ortsnamen von A. Wessinger.

Erster Abschnitt.
                                                  Seite

§ 1. Heutiger Stand der Ortsnamenkunde. 1
§ 2. Zweck dieser Arbeit. 2
§ 3. Erklärung der in ihrer heutigen Form dunklen Ortsnamen. 3
§ 4. Vergleich der alten Formen mit den neuen. 7
§ 5. Verschiedene Formen desselben Grundwortes. . . . 20

Zweiter Abschnitt.
§ 6. Bisherige Anläufe zur Rechtschreibung der Ortsnamen. . 37
§ 7. Allgemeine Vorschläge. 41
§ 8. Besondere Vorschläge. 41

II.
Zur Verdeutschung der Ortsnamen Deutsch-Lothringens von H. Witte. 54

III.
Nachweisung einiger unrichtiger Namenangaben auf den Meßtischblättern des mittleren Deutschlands von H. Herbers. 74

IV.
Schlußwort vom Herausgeber. 76

Vorwort.

Auf dem im April 1889 zu Berlin abgehaltenen achten Deutschen Geographentag wurde widerspruchslos anerkannt, daß selbst auf den besten Karten des Deutschen Reichs die Namenschreibung mitunter ungenau oder geradezu unrichtig sei, ja daß es für diese wichtige Frage überhaupt noch an der Vereinbarung einer grundsätzlichen Richtschnur fehle. Letztere herbeizuführen ist Sache der Reichsbehörden. Dieser dringend nötigen Feststellung aber die erforderlichen Unterlagen schaffen zu helfen, erachtete die vom Deutschen Geographentag eingesetzte Zentral-Kommission für wissenschaftliche Landeskunde von Deutschland für ihre Pflicht. Sie erließ deshalb ein Preisausschreiben „für die beste der bis zum 1. Mai 1890 einzuliefernden Arbeiten zur Berichtigung der Namen auf den Generalstabskarten des Deutschen Reiches."

Unter den darauf hin an die genannte Kommission eingesandten Bearbeitungen erschienen derselben drei des Druckes würdig. Diese werden hiermit der Öffentlichkeit mit dem Bemerken übergeben, daß für ihren Inhalt allein die Verfasser verantwortlich sind.

Mögen diese schlichten Blätter in recht weiten Kreisen

der Freunde deutscher Heimatskunde die Aufmerksamkeit auf eine bisher allzusehr vernachlässigte Seite der zumal von der Oberleitung des deutschen Heerwesens so rühmlich und zielbewußt geförderten Kartierung unseres Vaterlandes hinlenken! Fachmann und Laie, Wissenschaft und öffentliches Leben unserer Nation sind gleichmäßig in Anteil gezogen bei dem wohlberechtigten Wunsche, daß die an unseren Bergen und Flüssen, an unseren Fluren und Ortschaften hängenden Namen, ein unendlich reicher Schatz geistigen Schaffens unseres Volkes seit grauer Vorzeit, vor der Verderbnis, die ihnen von gleichgültiger Lässigkeit Tag für Tag ärger droht, durch verschärfte Fürsorge bewahrt bleiben.

Halle, im März 1892.

Der Herausgeber.

Die Rechtschreibung der deutschen Ortsnamen, begutachtet auf Grund der südbayrischen Ortsnamen.

Von
Ober-Amtsrichter Anton Wessinger in Miesbach.

Erster Abschnitt.

§ 1.
Heutiger Stand der Ortsnamenkunde.

Die Namenkunde, Onomatologie, zerfällt in zwei große Abteilungen. Sie befaßt sich entweder mit den Namen der Personen, Familien und Völker oder beschäftigt sich mit der andern großen Gruppe der Eigennamen, den Namen der Ortschaften und Länder, Berge und Thäler, Flüsse und Seen, Inseln und Meere. Diese, die geographische Namenkunde, Toponomastik, hat sich eine ungemein große Aufgabe gestellt; ist doch die Ortsnamenwelt des ganzen Erdkreises der Gegenstand ihrer Forschung und zwar nach einer dreifachen Richtung: a. durch Erklärung der Namen, b. durch Prüfung der Schreibung und Aussprache, c. durch systematische Ergründung der in den Ortsnamen waltenden Gesetze. (Namenlehre.)

Es leuchtet ein, daß die Massenhaftigkeit des Stoffes eine Teilung der Arbeit notwendig macht.

Die einschlägigen Arbeiten allgemein internationalen Inhalts sind entfernt nicht imstande das Material erschöpfend zu behandeln. Die Notwendigkeit, die Untersuchung auf ein einzelnes Land, eine Provinz, eine Gegend, ja auf einzelne Namen zu beschränken, ergiebt sich von selbst. So zeitigte diese bislang wenig bekannte Disziplin seit dem Jahre 1840, um welches man den Beginn der methodischen Arbeiten annimmt, eine geradezu erstaunliche Fruchtbarkeit.

Sind doch von da an bis zum Jahre 1870, in 30 Jahren nicht weniger als 711 Abhandlungen erschienen. Die Periode des Weiterbaues, als welche man die Zeit von 1871—1885, 15 Jahre, zu bezeichnen pflegt, förderte 932 Schriften zu Tage.

Endlich ergaben die Jahre 1886—1887 nicht weniger als 165 Arbeiten. In diesen zahlreichen, größern oder kleinern Werken legen die Verfasser mehr oder weniger Geschicklichkeit und Scharfsinn, Kenntnisse und Gelehrsamkeit in Bezug auf die Aufgaben an den Tag, die sie sich gestellt hatten. (J. Egli: Geschichte der geographischen Namenkunde.)

§ 2.

Zweck dieser Arbeit.

Diese Abhandlung sucht darzuthun:
I. a. daß einer großen Zahl der heutigen Formen der Ortsnamen ein Sinn nicht zu entnehmen ist,
   b. daß aus demselben Stamme verschiedene Formen hervorgegangen sind.
II. Es soll geprüft werden, wie eine Rechtschreibung der Ortsnamen anzubahnen ist.

Die Untersuchung ad I. beschränkt sich zunächst auf

Süd-Bayern. Die Feststellungen für diesen Landesteil werden auch für die übrigen Länder deutscher Zunge zutreffen.

Die Abhandlung bezweckt daher nicht die Nachweisung e i n z e l n e r unrichtiger Wortformen in den Spezialkarten, was von der „Zentral=Kommission für wissenschaftliche Landeskunde von Deutschland" zur Aufgabe gemacht ist, sondern die Nachweisung, daß die M e h r z a h l der Ortsnamen etymologisch eine unrichtige Form hat und daß es nötig ist, eine Besserung der Schreibung eintreten zu lassen.

Dem Volke sollen die Namen seiner Wohnsitze nicht unverständlich bleiben. Sollte es nicht möglich sein, sie ohne Nachteil für die Bedürfnisse des bürgerlichen Lebens, den Post=, Telegraphen=, Bahn= und Schiffahrtsverkehr, für Kriegführung und Staatsverträge, die kirchliche und weltliche Verwaltung, die Zeitungen und Zeitschriften, die Erdkunde und die Geschichte, so zu schreiben, daß sie ihrem Sinne näher gebracht oder nicht geradezu fehlerhaft geschrieben sind?

Das so bestimmte Thema geht somit v i e l w e i t e r, als die von der Kommission gestellte Aufgabe. Wenn es richtig und erschöpfend behandelt wird, wird die wissenschaftliche Landeskunde eine Bereicherung erfahren, — der derzeitige Stand der amtlichen und Karten=Orthographie der Ortsnamen wird aufgeklärt und eine wissenschaftliche und durchgreifende Regelung der Rechtschreibung wird angeregt.

§ 3.

Die gestellte Aufgabe kann nicht gelöst werden ohne E r k l ä r u n g der in ihrer h e u t i g e n F o r m dunklen Ortsnamen.

Um den Richtern das Urteil zu erleichtern, ob solche Erklärungen auch zutreffend sind, ob sie sprachlich in Bezug auf den Ausdruck und sachlich im Hinblick auf den Grund der Namengebung begründet sind, mit andern Worten, ob sie vor der **Etymologie** und der **Realprobe** bestehen, ist es nötig, diejenigen Regeln und Grundsätze voranzustellen, welche zur Zeit bei der Erklärung von Ortsnamen gelten. Durch Beispiele sind dieselben zu belegen.

I. Es giebt keinen Ortsnamen, der ohne Sinn wäre.

Jeder ist auf eine Bedeutung zurückzuführen, freilich oft mit Mühe, nicht ohne Widerlegungen und andere Ansichten hervorzurufen. Nur im Kampfe verschiedener Ansichten wird das Wahre und Richtige befördert. Es scheint z. B. die in Bezirken Dachau, Werdenfels, Kehlheim, Stadtamhof vorkommende Ortsbezeichnung Weichs, dann Wiechs, Nober-Wiechs und Sonnenwichs (Rosenheim) eine sinnlose Zusammensetzung von Buchstaben zu sein. Es ist aber nicht so. Wiechs (Rosenheim), Weichs (Dachau) kommen im achten Jahrhundert unter der Form Wihsa vor, Weichs (Werdenfels) ad Wihse. Es ist etymologisch kaum zu begründen, Wihsa von lat. vicus, got. veihs, gen. veihis, ahd. wîch pl. wichâ abzuleiten, wie es zu geschehen pflegt. Wie käme in die ahd. Form das s? Wenn man aber annimmt, daß infolge längerer Kulturthätigkeit der Name nicht mehr zur Beschaffenheit der Örtlichkeit stimmte, so war der Verlust des Sinnes und die blos zungengerechte Weiterbildung des ahd. Wisa, Wiese, pratum, die Folge. Wie daher aus rihhi, richi — reich geworden ist, mußte aus Wisa, Wihse — Weichs werden. Daß h schon sehr frühe eingeschoben wurde, beweisen die alten Formen wihstuom und wihsheit. Nober — und Sonnenwichs weisen schon durch den Gegensatz auf die Himmelsgegenden. In Nordar — Sundar — Westar — Ostar — hat sich die in vielen

Wörtern sehr früh verloren gegangene Ableitung — ar am längsten erhalten.*)

II. Für die gesicherte Erklärung sind die ältesten urkundlichen Namensformen, die Kenntnis der Mundarten, Lautlehre und die historischen Dokumente der Gegend notwendig.

Es ist dies eine der wichtigsten Regeln. Jede Erklärung, die von der heutigen Form ausgeht, ist unzuverlässig, unsicher, ungewiß, meistens verfehlt. Für eine sichere Erklärung dient aber eine Form, die vor das zwölfte Jahrhundert zurückgeht. Nur bis dahin sind die Ortsnamen in der Regel, abgesehen von undeutlicher und mißverstandener Schreibung, in reiner ahd. Form beurkundet.

Wer z. B. Amselfing (Straubing) als einen Vogelheerd zum Fange der Amseln erklären wollte, würde weit fehlen. Der Ort hieß im achten Jahrhunderte Ansolfinga, d. i. die Angehörigen des Ansolf.

Diemating (Erding) kann nur erklärt werden, wenn man weiß, daß der Ort im achten Jahrhundert Diomuotinga hieß, daß also der Frauenname Diemut das Motiv der Benennung gewesen ist; Schierling (Mallersdorf) blos dann, wenn man weiß, daß der Ort im zehnten Jahrhundert Scirilinga hieß, Scirilo ein Personenname und Deminutiv von Sciro und dieser von hell, glänzend, klar hergenommen ist. Dieser Name zeigt auch eine Unregelmäßigkeit mit Scheuern (Pfaffenhofen), richtig Scheiern, 8. Jh., Scirin, in dem die Regel sch aus sc und ei aus i beobachtet ist. Schierling sollte nach der Regel Scheierling heißen.

---

*) Diese ar-Ableitung verdiente eine eigene wissenschaftliche Behandlung; gerade in Ortsnamen hat sie sich am häufigsten erhalten.

So würde, die **Mundart betreffend**, die Saec. 11 beurkundete Form Lewer für Leberg (Miesbach) nicht erklärt werden können, wenn man nicht weiß, daß Lewer in der bayrischen Mundart Aufwurf, Hügel bedeutet.

So würde ferner die **Lautlehre** (goth. b, ahd. p, mhd. b). Bichl statt Pichl, Baierbach statt Paierbach, Berwang statt Perwang erfordern; das P lebt aber bis heute fort.

Wie endlich die **historischen Dokumente** für die Namenforschung zu verwerten sind, soll ein anderes Beispiel belegen.

Für **Pelletsmühle** (Miesbach) war eine alte Form und annehmbare Erklärung nicht zu finden. Da wurde der Name im Salbuche des Klosters Tegernsee vom Jahre 1454 angetroffen als Polleleins-Mül. Wer aber weiß, daß Kableinshof, Seibleinshof, Grätleinslehen zu Katharina, Seibl, Margareth gehören, sieht unschwer in Pollelein — einen Polbel, Leopold.

III. **Wo urkundliche Beugnisse fehlen, hält man sich an die analogen Namenformen desselben Volksstammes.**

So kann man mit ziemlicher Sicherheit annehmen, daß Engelsberg, Engelried, Engelsdorf, Engelstätten zu einem Personennamen vom Stamme Angil gehören, wie Engilherishusa, Engelhausen.

IV. **Die Ortsnamen pflegen, abgesehen von den einfachen, im ersten Teile das Grund-, im zweiten das Bestimmungswort zu enthalten.**

Die Grundwörter bezeichnen einen Naturzustand: aha, â, ach — Wasser; awa, owa — Au; lhita — Leite, hriod — Ried u. s. w.

Sie zeigen das Ergebnis einer menschlichen Thätigkeit, roben, brennen, schwenden, hegen, bauen, fahren, schmieden u. s. f.

Durch die Zusammensetzung dieser etwa 500 Wörter umfassenden Grundbegriffe mit anderen Bestimmungswörtern wird eine ungemeine Vervielfältigung der Ortsbegriffe möglich gemacht.

Als Motive für die Bestimmungswörter dienen: Farbe, Größe, Höhe, Form, Stoff, Schönheit, Tiere, Bäume, in hervorragendem Maße aber altdeutsche Personennamen, die mit der die Nachkommenschaft anzeigenden Ableitung —ing als Patronymika bezeichnet zu werden pflegen. Es liegt nahe, daß bei diesem realen Aufbaue der Ortsnamen für Mythe, Poesie, Scherz kein Raum ist. Die darauf fußenden Erklärungen sind in der Regel auf einem Irrwege.

§ 4.

Vergleich der alten Formen mit den neuen.

Ist auf Grund der alten Formen und sprachlicher und sachlicher Untersuchung der Sinn eines Ortsnamens annehmbar festgestellt, so hat man sich darüber schlüssig zu machen, ob die heutige in den amtlichen Ortsverzeichnissen oder in den Spezialkarten enthaltene Form diesem Sinne entspricht oder ob nicht wenigstens diese Namen als ein Ergebnis der in gewissen Gesetzen sich entwickelnden Lautveränderung zu betrachten sind.

Aus der nun folgenden Prüfung von etwa hundert Ortsnamen Süd=Bayerns wird wohl die Überzeugung verschafft werden, daß diese beiden Fragen zu verneinen sind, daß es nur zu wahr ist, was Jakob Grimm irgendwo sagt, daß die Eigennamen halb außer dem Laufe der eigentlichen Sprache liegen.

Die vorgeführten Namen sind zur Bestärkung des Beweises nicht ausgesucht und ausgewählt, sondern wie Lose aus der Urne entnommen.

Quelle für die alten Formen war in der Regel Förstemanns „Altdeutsches Namenbuch", Band II.

Die vor der alten Form stehende Ziffer bezeichnet das Jahrhundert der ersten Beurkundung.

A.

1. **Achatswies** (Miesbach), 14 Ahornwisn ist als Wiese mit Ahornen in der heutigen Form, in welcher man den Kalenbernamen Achatius vermutet, nicht mehr erkennbar. Nebenbei wird bemerkt, daß aus Achatius der Familienname Hazzi geworden ist.

2. **Ainesag** (Rosenheim), 12 Onolfesahe, Ahe des Onolf, ist wohl eine der sprachwidrigsten Verstümmelungen. — Ag aus ah ist unerhört. Aines — aus Onolfes — ist so willkürlich, wie Hersfeld aus Heriulfesfeld, Reiskirchen aus Richolfes Schiricha.

3. **Allach** (München), 8 Ahaloh, aus aha, Wasser, und loh, Gehölz, lucus. — lach aus loh ist häufig: Straßlach, 8 Strazloh; al — aus aha geht nicht; richtig: A—lach.

4. **Ast** (Landshut), 11 Owista;

5. **Ast** (Freising), 11 Uosta;

6. **Asen** (Rosenheim), 12 Owista. Nom. pl. von owist, ewist, Schafhürde. Hierher auch **Österberg** bei Mils, Oista. (Bote für Tirol, 1890, Nr. 4.)

7. **Abelshausen** (Aichach), 8 Abalhelmeshusen, bei den Häusern des Abalhelm. Von den zwei Silben — helmes — ist nur ein s geblieben!

8. **Aßling** (Ebersberg), aus 8 Azzalinga, die Nachkommen des Azzilo. Der Familienname Atzl kommt von einem solchen.

B. P.

9. **Pang** (Rosenheim), 8 Painga. N. pl. auf die Frage: Wer seid Ihr? Die Nachkommen des Paio. Die richtige Form wäre Paiing, wie der Name auch im Volksmunde lautet.

10. **Parsberg** (Miesbach), 11 Pastperg, vom mundartlichen pasten = passen, aufpassen, abpassen. Pastperg = Lauerberg. Der in der heutigen Form ersichtliche Einschub des r ist in der gewöhnlichen Sprache sehr selten. Richtige Form Paßberg.

11. **Berbling** (Rosenheim), 9 Perchwilling, Differenzierung vom benachbarten Willing, 8 Willinga, an der Mangfall, eine lautgesetzlich nicht zu begründende Zusammenziehung.

12. **Perlach** (München), 8 Peralohe — Ebergehölz, aus per, pl. peri, Eber und dem schon erwähnten loh mit der Fortbildung — lach. a für o, Wart für Wort, Margen statt Morgen und ch für h ist bayrische Eigentümlichkeit. Richtig: Ber-lach.

13. **Pframering** (Ebersberg), 8 Phrumare, Phrumarun, Pfrumarun, zu den Pflaumern, Pflaumenzüchtern.

14. **Pfraundorf** (Rosenheim), 12 Phrundorf, Pflaumendorf, beide zu dem mundartlichen Pfräu (nasal) = Pflaume, gebildet aus prunum, wie pondus — Pfund; porta — Pforte; pons — Pfünz; piper — Pfeffer. Ahd. phrûma. Fem.

15. **Perlsham** (Mühldorf), 10 Palbrichesheim, Heim des Balbirich;

16. **Purfing** (Ebersberg), 8 Purolfingen und

E.

17. **Eberfing** (Weilheim), 10 Ebrolvingen zeigen alle drei den Lautgesetzen nicht entsprechende Formen.

18. **Ernsgaden** (Pfaffenhofen), 11 Herrantiscabme; — cabme schlechte Form für gabem, gaben, Haus, Gemach. Der Personenname Herrand erzeugt aber nicht immer Erns—, denn aus 10 Herrantisperg wurde Hirnsberg (Rosenheim). Der Familienname Hirn kommt von Herrand.

19. **Ellbach** (Miesbach), 11 Elhpah, Elichpah;

20. **Ellbach** (Tölz), 9 Elhpah, Ellepach, Bäche, wo das Elentier, ahd. elho, mhd. elhe, hauste. Man sollte Elchbach schreiben.

21. **Elsenbach** (Erding), Elasnapah;

22. **Elsendorf** (Abensberg), Elisindorf, zu Else, auch Ilse, Traubenkirschbaum, wozu wohl auch die Ilse, Nebenfluß der Oker gehört, zwei richtige Formen.

F. V.

23. **Bagen** (Rosenheim), 10 Fagana, Bagana. Die Bagana, eines der ältesten in den leg. Bav. erwähnten Adelsgeschlechter Bayerns. Wohl Nom. pl. zum Adj. fagan, fagin, froh, also die Freudigen, laeti.

24. **Fang** (Erding), 10 ebenfalls Fagana; zwei verschiedene Formen vom selben Stamm. Manche stellen diesen Namen zu fah, Umschließung, oder zu fang, Umfassung, wozu Bifang, Einfang; mit Rücksicht auf die alte Form wohl mit Unrecht.

25. **Pföring** (Ingolstadt), 8 Faringa, Feringa;

26. **Böhringen** (Sigmaringen), 8 Faringa, Veringin;

27. **Pöring** (Ebersberg), 11 Veringa;

28. **Böhring** (München), 11 Veringun;

29. **Böringen** (Württemberg), 11 Ueringin;

30. **Fürstätt** (Rosenheim), 11 Veristetten, sehr verschiedene Formen von vere, ver, Fähre oder von ferjo, gen. ferin, Fährmann, Ferge.

31. **Pfetrach**, Fluß bei Moosburg, 8 Phetaraha, Feteraha, Pheterach ist nicht wie Federsee (Württemberg), 8 Phedersee, auf die an langsam fließenden Bächen und an Seen vorkommendem sogenannten Teigrohre mit den bekannten federähnlichen Ansätzen zu beziehen, sondern auf phab, pheder, Pfad, daher Weg= oder Brückenahe.

G.

32. **Golding** (Landshut), 10 Goldara, Goldarun. Personifikation von Gold, die Goldner, entweder mit Rücksicht auf den Reichtum oder die Beschäftigung mit Goldwaschen, — schlagen, — verarbeiten. Das heutige —ing kann auch Locativ=Ableitung sein, z. B. Winkling (Bogen) aus Winklaren, Sattling (Vilsbiburg) aus Satalarun, zu den Winklern, Sattlern.

33. **Gollenshausen** (Traunstein), 10 Goldunkshusa;

34. **Golzhausen** (Freising), 12 Goldenishusen, zwei ganz verschiedene Formen von Golduni.

35. **Grub** (Miesbach), gehört zutreffend zu ahb. gruoba, Grube, Höhlung. Es liegt am Ausgange des sogenannten Teufelsgrabens. Ich halte diesen letzteren Namen als ein mundartlich verdorbenes Tiefengraben; eines derselben ist 8 als Teofun gruoba beurkundet. Das Adjektiv tiufo erscheint auch als tiupho, diofo.

36. **Greimelberg** (Trostberg), 10 Grimhiltaperg, vom Frauennamen Krimhild.

H.

37. **Haberg**, auch Aberg (Tölz), 11 Habohberg;

38. **Habichau** (Tölz), 11 Habechowa;

39. **Habsburg** (Schweiz), 11 Habechisburg gehören, wie der Flurname Hachau, zu habuh, Habicht, mundartlich Hach.

40. **Haching** (München), 8 Hachinga, vom Personennamen Hacho, Dem. Hachilo, daher Hahilinga, eines der in den leg. Bav. erwähnten Edelgeschlechter.

41. **Hiernkirchen** (Moosberg), 10 Heripirgchiricha, vom Frauennamen Heripirga.

J.

42. **Ingolstabt**, 9 Ingolbesstat, von Ingolb, aber

43. **Ingolsberg** (Ebersberg), 11 Ellinpolbesperg, von Ellinpolb.

44. **Irschenberg** (Miesbach), 11 Ursenberg, Irsching (Ingolstadt), 11 Ursingen, **Irschenhausen** (München), 9 Ursinhausen, kommen von Urso, ursprünglich Name eines romanisierten Rätiers.

K. C. Ch.

45. **Kelheim** (Kelheim), 10 Chelheim gehört mit Rücksicht auf die dort von Felsen eingeschlossene Donau zu chela, Kehle, wie

46. **Hals** (Passau), zu Hals, wegen des langen, schmalen Bergrückens, auf dem die Burg der Grafen von Hals stand, aber

47. **Halsbach**, unweit der Salzachmündung, 8 Habolfespah, zum Personen=Namen Habolf.

48. **Kothgeisering** (Bruck), 9 Khsalheringa, und

49. **Geiselhering** (Mallersdorf), 9 Gisilheringen beweisen, wie der schon in alter Zeit verschieden geschriebene Gisilher noch weiter auseinander schied.

50. **Krainacker** (Ebersberg), 8 Chrakinachra, Chreinach=run, Krähenacker von ahd. chrâia, chrâ, Kraka, Krähe und achar, Acker; ebendahin

51. **Kraham** (Erding), 8 Chreidorf;
52. **Krähwinkl** (Moosburg), 11 Chrauwinchil.
53. **Kochel** (Tölz), 8 Chochalon, zu den Kogeln. Kogl ist mundartlich ein abgestumpfter Bergkegel, dazu zutreffend Stein-Köchl, Wiesmahd-, Weghaus-Köchl, Langer Köchel im Murnauer-Moos.

L.

54. **Laindern** (Miesbach), 11 Laim—tel—ern, aus einer volleren Form Laim-tel-arun; zu den Bewohnern des Lehmthälchens.
55. **Lanzenhaar** (München), 11 Anzanhart, Wald des Anzo. Noch im 14. Jahrhundert Anzenhart. Der bekannte Waldname Hart findet sich in derselben verdorbenen Form auch in
56—57. **Faistenhaar** und **Dürnhaar** (München). Feist und dürr, bekannter Gegensatz für fruchtbar und unfruchtbar.

M.

58. **Malching** (Bruck), 8 Mahhaleihhi, 9 Mahaleihhinga, Gerichtseiche von mahal, Gerichtsstätte, —sitzung und eih, eich, Eiche.
59. **Mantlach** (Regensburg), 9 Mantalahi, zu bayer. Mantel-Föhre, Kien-Föhre und ahi, lat. — etum, hochd. — ach, Kollektivbezeichnung. Mantl—ach = Föhrenwald.
60. **Maxlrain** (Rosenheim), 9 Machsminrein. Von ahd. wahsamo, wahsmo, waxmo, Wachstum, fertilitas, Wuchs, Frucht, dann rein — Rain, Bodenstreifen. Nicht von Maximinus. Es wäre aus der Original-Urkunde festzustellen, ob m oder w.
61. **Milbertshofen** (München), 12 Ilmungeshoven, zu dem von Fstm. I, 774 nachgewiesenen Ilbunc, 13 Mulungshofen, 14 Mulmatzhofen, 16 Milmatzhofen; Muster

einer fortschreitenden Verunstaltung. (Riezler: „Ortsnamen der Münchener Umgegend".)

62. **Molstätten** (Trostberg), 10 Megilinsteti, Ansitz des Megilo. Eine sprachlich nicht zu erklärende Verderbnis; aus Megil- kann Meil- werden, aber nicht Mol-; wie Meginhart — Meinhart; Meginwolf = Meinwolf.

N.

63. **Neufahrn** (Freising), 9 Niwivara, Nivvifaren; **Neufahrn** (Mühldorf), 11 Neufarn, Niwaren; **Neufahrn** (München), 8 Nouware; **Neufahrn** (Ebersberg), 9 Niuvara, Nivarn und **Neufahrn** (Erbing, Mallersdorf). Diese Namen sind, je nachdem sie am Wasser liegen oder nicht, zum st. Neut. far, var, Überfahrt oder zum st. Fem. var, Fahrt, Zug, Weg zu stellen und bezeichnen eine neue Straße oder eine neue Überfahrt. Dagegen kommen die vielen Urfarn von ahd. urfar, Ländeplatz. Über ur — Grimm, Gramm. 2, 787, 818.

O.

64. **Ohlstadt** (Weilheim). Noch im 9. Jahrhundert Auvvolfestetin, schon im 11. Owelstat; beweist eine sehr frühe Verwitterung des Personennamens Auwolf.

65. **Osterhofen**, 8 Osterhoven; Esterndorf (Miesbach), 12 Osterendorf; Österreich, 10 Ostarrihhi enthält neben vielen anderen die früh verloren gegangene Ableitung —ar; zu Ost.

66. **Otterfing** (München), 11 Otolfinga, kein Ort des Otterfangs, sondern ein Patronymikum von Otolf.

R.

67. **Roßholzen** (Rosenheim), 8 Hrossulza, Roßlacke zu ahd. rohs, Pferd, Streitroß und sulza, salugo, Ablaut von

Salz, verwandt mit sol, volutabrum, Kotlache. Die zahlreichen Salzbäche sind nicht salzhaltige, sondern schlammige Bäche. Unter Sulz versteht die Mundart Dickflüssigkeit.

68. Roßessing (Mühldorf), 12 Rossezzen, Roßweide. Ahd. ëzan, ëzzan, Essen, Speise, st. N. als Subst. gebrauchter Infinitiv. —ing Locativ-Suffix.

69. Romberg (Berg bei Schliersee, Miesbach), 11 Ramperch. Rabe, ahd. rhaban, wird in der Mundart in der Mehrheit wie Ram — gesprochen und findet sich sehr früh als rham und ram. Das sehr tief gesprochene a des Alt-Bayers hat in der Schrift aus Rot-Thal — Radthal und aus Roßhof — Raßhof gemacht.

S.

70. Sauerlach (München), 8 Sulag—a-loh, Saulache, von solac, sulag, sulacha und loh, Gehölz.

71. Solalinden (München), aus Sulaglintâ, Linde an der Saulache, noch zutreffend.

72. Scheftlarn (München), 8 Scaftilare, Sceftilari, Sceftilarun;

73. Schaftlach (Miesbach), 11 Scaptloh, gehören zu Schaft, Speer. Im ersten Namen ist das l eingeschoben; scefti(l)are ist ein Speermacher, scaptloh ist ein Wald, wo Schäfte zu finden sind.

74. Schweibenkirchen (Pfaffenkofen), 10 Swibmuoteschiricha. Schweib — aus Swib — mag hingehen; aber en für muotes ist in der gewöhnlichen Sprache unerhört.

75. Siegersbrunn (München), 11 Sigihohesprunne, Sigolsprunne, zum Personennamen Sigihoh.

76. Siegolfing (Erbing), 11 Sigolfingen, zu Sigolf.

77. Sittling (Abensberg), 9 Sikilingen, zu Sigilo.

Der Familien-Name Siegel kann daher von Sigihoh, Sigolf

und Sigilo kommen, ist aber auch eine Schmeichelform für Sigmund.

78. Schlehdorf (Tölz), 8 Sledorf, zu slêâ, slêhâ, Schlehe, wie Pfraundorf und Nußdorf zu Pflaume und Nuß.

79. Schweinersdorf (Moosburg) 10 Suanahiltadorf, Dorf der Swanhilb. Alte und neue Form der denkbarste Gegensatz.

80. Starfling (Traunstein), 10 Stafelun, zu ahd. staphal, Staffel, wahrscheinlich von der Form des umliegenden Geländes. In den Voralpen ist die Terrassen-Kultur häufig. Wieder ein Beispiel, daß die Ableitung —ing nicht immer auf ein Patronymikum deutet.

81. Straubing, 2 Serviodurum, 9 Strubingun, entweder zu den Strudeln oder vom Personennamen Strupo. Für erstere Annahme spricht der zahlreiche Flurname Strub, von strupa, vom Wasser durchbrochene Schlucht, auch Bezeichnung für das Sträuben, Aufbäumen des Wassers, — in Straubing beim Überschwellen der an der Stadt vorüberfließenden Donau in das etwa 1 km entfernte alte Flußbett. Strubing wäre strub mit dem Locat.-Suffix —ing. Die Strauben bedeutet in der Mundart ein krauses Gebäck.

82. Solling (Vilsbiburg), 11 Solaren. Söller schon im ahd. aus solarium, Terrasse entlehnt. Da im alemanischen Dialekte für s nicht selten z gebraucht wird (Weinhold alem. Gram. § 184), erklärt sich der Name Zollern aus Solaren. Hohenzollern = zum hohen Söller.

83. Surberg (Traunstein), 8 Sureberch, an der Quelle der Sur, 7 Sura. Es läge nahe diese Wörter auf surren zu beziehen, wenn nicht dieses Wort eine ahd. onomatopoietische Schöpfung wäre, und eine sur—a entspräche dem susilinpah. So muß aber ahd. suri, Säure, Bitterkeit herangezogen werden, was zu einem Nebenflusse der Salzach stimmt.

T. D.

84. **Dießen** (Weilheim), 12 Dieze, de Diezun, de Diezan;
85. **Antiffe**, Nebenfluß des Inn, 8 Antisna, Antesina;
86. **Töß**, Fluß im Kanton Zürich, 9 Thusa, 1281 Tosse, 13 Toz, 14 Tözze (Dr. H. Mahr: „Ortsnamen des Kantons Zürich").
87. **Illertissen** und **Rißtissen**, **Tutzing** (München), erstere 9 Tußa, letzteres 11 Tutzingen gehören zu ahd. biezen, rauschen, schallen und zu dem daraus gebildeten buz, Geräusch, Schall, mundartlich boz, toz, gêbês (Schmeller) insbesondere vom Wasser (Schade). Die Sprache kennt bekanntlich als Substantiva gebrauchte Infinitive, das Sterben, Schlagen ꝛc. Das Dießen ist ein Ort, wo das Wasser rauscht, was auch bei Illertissen und Rißtissen und am Wirmsee in Tutzing zutrifft. Wegen der Ableitung — ina in Antesina wird sich auf das folgende Wirm bezogen. Das viel bestrittene **Andechs** (Weilheim), 11 Anbehsa, Anbehse, 12 Anbehesin mag daher vom Anschlagen der Wellen des Ammersees oder des Windes an den Berg kommen, auf dem die Burg stand, oder von an — und bahs, pl. behse, Dächse stammen und einen Ort an den Dachsbauen, bei den Dächsen bezeichnen.
88. **Tölz**, 11 Dolanza (Roth), ein **Tölzer**, 12 Tolenz — äre, zu ahd. bola, Rinne, Graben, mhd. tol. — Tölz liegt in einer Thalung und an einem zur Isar hinabstürzenden Bache. Hat, wie K. Roth IV, 113 behauptet, der Ellbach bei Tölz, Tholanza, Dolanza geheißen, so würde der Name zu den Flußnamen auf — anza, — enza, Erweiterungen der ahd. Ableitungen —az—ez mit iterativem Sinne, gehören, wie **Rednitz**, 8 Rat—anza, Ratenza; **Rezat**, 11 Reht —rat —anza; **Wernitz**, 9 Warinza; **Schefflenz**, 8 Scapl —anza; **Pegnitz**, 10 Paginza; **Sulz** (Altmühl), 10 Sol—anza; **Flabnitz** (Österreich), 11 Fladinza und sind sonach

diese Flüsse zutreffend und übereinstimmend mit ihrer Beschaffenheit zu erklären: die fränkische Regnitz*) zu ahd. rat wegen der radähnlichen Windungen und die schwäbische zu reht, rechts und rat, weil sie rechts von ersterer fließt und dieselbe Eigenschaft hat; Warinza zu warib, Wörth, Scaplanza zu scaptil, mhd. schaftel, Schachtelhalm; Paginza als die viele Bäche aufnehmende mit der sprachgerechten Verdichtung des h zu g, Fladinza zu flat, purus und Solanza zu sol, volutabrum. Wegen des tz sofort slavische Abstammung zu vermuten, ist vorschnell.

89. Delling (München), 11 Telingen; Dellnhausen (Pfaffenhofen) kommen wohl von mhd. tällin, vallicula.

W.

90. Wirmsee, auch Starnbergersee, hat seinen Namen von der Wirm, Fluß, 8 Wirma, Wirmina und gehört zu Wärme, mundartlich Wirm. — in ist Erweiterung des Stammes und findet sich in Garstina, Gusina, Hirtina, Ilmina, neben Ilma, Merina, Lagina, Sahsina, Tullina ꝛc. („Blätter des Vereines für Landeskunde Niederösterreichs" 1886 S. 82., 1888 S. 145, wo auch die Erklärungen gegeben sind.)

91. 92. 93. Wimpassing. Das bayr. Ortslexikon führt bei 30 so bezeichnete Orte auf. Für einzelne ist die Form 10 Wimpozzing, 11 Wintpozzingen nachgewiesen. Bei jenem ist an wimmi, Brunnquell, bei diesen an wint, ventus zu denken mit dem Grundwort bôz, Schlag, Stoß. Das Rauschen des Quells und das Anschlagen des Winds mit dem oft nachgewiesenen Locat.=Suff. — ing hätte also Veranlassung zur Benennung gegeben. Ein Windschlag (Lands-

---

*) Regnitz verdankt seine Entstehung, wie Ebrard so gründlich nachgewiesen hat, nur einem Reimgellingel in einem lat. Gedicht des 16. Jahrhunderts (Raganza — Paganza). Von Rechtswegen darf man demnach allein Rednitz schreiben.

hut), **Windstoß** (Mühldorf), sechs **Windschnur** (Rosenheim, Traunstein (2), Passau, Landau a. J., Hemau, Lansen), **Windhag** (Rosenheim, Pfarrkirchen, Vilshofen) b. i. Baumreihe vor Gebäuden, und **Windfang** (Robing) unterstützen diese Ansicht. Snur ist ein st. M. und bedeutet (nach Schade) sausendes Fahren.

Mehrere dem Verfasser bekannte Wimpassing liegen an erhabenen, windigen, zur Ansiedelung nicht verlockenden Stellen. Erwähnt seien die Ansichten Rießlers in den „Ortsnamen der Münchener-Umgegend", Kuglers in „Tausend Ortsnamen der Altmühlalp", die einen Personenname Winidpoz annehmen und ihn als Spottnamen der in Bayern angesiedelten Wenden erklären, dann v. Grieningers: „Die Ortsnamen des Ind. Arn. und der brev. not." S. 23, der ein ahd. bozzo, Knecht annimmt und in Wintpoz einen Wendenknecht sieht.

94. **Wörnsmühl** (Miesbach), 11 Wernhersmühle. Das ö hat gewiß keine Berechtigung.

95. **Vallei** (Miesbach), 12 Valaia, Valeie, Valage Valeje wird wegen der Aussprache Walei angereiht. Ort eines vallum erklärt Freudensprung. Wälle wären genug vorhanden. Der Name ist wohl eine Zusammenziehung aus vallagia, nach Du Cange sepimentum, und eine Form wie eulogia, Oblei; horologium, Orlei; aquilegium, Atelei; polegium, Polei. Unverständlich bleibt aber auch bei genauer Kenntnis der Geschichte Valeis, wie ein spätlateinisches Wort zur Benennung herangezogen und mitten unter deutschen Namen eine Stelle finden konnte.

96. **Wolnzach** (Pfaffenhofen), 8 Wolomotesaha: Wolnz — aus Wolomotes —, heute Wohlgemut ist eine regellose Form.

97. **Traun**, weiße (Traunstein), Wizzintruna.

Wessinger in „Bayerische Orts- und Flußnamen" bezieht die für Traun 8 erscheinenden Formen Truona, Truon, Truna, Druna nicht unwahrscheinlich auf dröhnen. Richard Müller in den „Blättern für die Landeskunde Niederösterreichs 1886—1888" schließt sich, allerdings mit Zweifel, dieser Ansicht an, und zwar ohne damals die des ersteren gekannt zu haben.

98. Wessobrunn (Weilheim), 8 Wezzinbrunnen, 9 Wezinesbrunen. Wezzin — genit. von Wezzo; Wezines — genit. von Wezini, — vielleicht Vater und Sohn.

99. Wurmansquick (Eggenfelden), Wurmansau (Schongau), gehört zum Personen-Namen Wurman. Quick kommt von quëc, quëc, lebendig, munter, frisch, Abkürzung für Quëckbrunno, Brunnquell: Quelle des Wurman.

Z.

100. Den Schluß bilde der Ziller, einst Grenzfluß zwischen Rätien und Noricum, bis 1506 auch zwischen Bayern und Tyrol, 10 Zil—are, der Zil—er, eine Personifikation des ahd. zil, Grenze, Ende, eine Form, wie helf—are, Helfer, laster—are, Lästerer u. a. m.

§ 5.
Verschiedene Formen desselben Grundwortes.

Die bisherigen Beispiele, die leicht verzehnfacht werden könnten, haben gezeigt, daß die Ortsnamen, wenn sie in der heutigen Form noch so dunkel erscheinen, einen Sinn haben, daß aber in diesen Formen der ihnen gebührende Sinn schwer zu erkennen ist, weil sie von den Gesetzen der eigentlichen Sprache abweichen. Es kommt dies wohl daher, daß mit dem Verluste des Sinnes eines Orts-Namens lediglich eine zungengerechte Weiterbildung stattfand, die namentlich durch Ausstoßung in der Mitte, Zusammenziehung und willkürliche Lautänderung hervortrat. Nicht wenig haben auch die Urkundenschreiber verschuldet, die ein in der Mundart gesprochenes, oft nicht verstandenes Wort durch die Schrift zu fixieren hatten. Man kann ohne Irrtum sagen, daß die heutige Rechtschreibung der Orts=Namen nur eine gewohnheitsmäßige ist und der Einheitlichkeit entbehrt, welche die Sprachgesetze und die darauf beruhende richtige Schreibung erfordert. Nun soll gezeigt werden, daß selbst in Alt=Bayern, einer mundartlich zusammengehörigen Gegend, zweifellose Grundwörter eine verschiedene Form angenommen haben, während man doch erwarten sollte, daß sie alle gleich gesprochen und geschrieben werden. Viele dieser Grundwörter sind ganz aus dem Sprachgebrauche verschwunden Diese Prüfung bewegt sich insofern auf einem schlüpfrigen und ungewissen Boden, als die Identifizierung der alten Form mit der neuen wegen der vielen gleichen Benennungen erschwert ist. Man muß daher ganz davon absehen und sich mit der alten Form des Grundwortes selber begnügen, aus dem die neue Form entstanden sein wird. Zusammengesetzte Ortsnamen können auch hier in Betracht kommen.

Die folgenden Beispiele erschöpfen nun keineswegs alle hierher gehörigen Formen, sie werden aber genügen, um den Zustand der Rechtschreibung auch in dieser Richtung darzuthun und die Notwendigkeit einer Besserung nahezulegen. Auch hier begegnen einzelne schwierige Namen.

A.

So heißen vier Einöden in den Bezirken Bogen, Landsberg, Vilsbiburg und Neuulm Ah. Dieser Name ist wohl nicht anders unterzubringen, als unter ôbi, aobi, Öde. Man kommt darauf durch die ganz eigentümliche Aussprache dieses Wortes in der Mundart, insbesondere im Oberlande; hier klingt das Wort wie Aôi und kann schwer in Buchstaben ausgedrückt werden, weshalb dafür auch z. B. „auf der Ahl" = auf der Öde vorkommt. Dasselbe Wort findet sich 28 mal als Eb und 111 mal als Öb. —

Daß aha, fließendes Wasser, sich zu ach verdichtet hat, ist bekannt. Nur die Schreiber haben es verschuldet, wenn dieses ah in Abwinkl und Ableiten (Miesbach), in alter Zeit Ahiwinchla und Aheliten, zu a b wurde. Das Volk sagt unentwegt Awinkl und Aleiten, warum ein b?

Altaich hieße auch richtiger Alt—ach, denn es kommt von Alt—aha.

Die sechs Einöden Auggenthal (Grafenau, Griesbach, Passau, Pfarrkirchen, Wolfstein, Altötting) sind Krötenthäler von mhd. ouke, ouche, aukke = Kröte, Unke. Der öfter begegnende Flurname Manckenthal gehört hierher. M ist euphonistisch.

Weiter weisen korrekt sechs Einöden Asang (Eggenfelden, Landshut, Pfarrkirchen, Vilsbiburg [2]*) und Robing), auf mhd. âsanc, Versengung, durch Waldbrand erzielte Ansiedelung.

In den zahlreichen Asbach lebt die Zitterpappel, ahd. aspa, mhd. und mundartlich Aspe, nhd. Espe, in den vielen mit Asch— anlautenden Namen ahd. ask, heute Esche. Esche ist schon sehr früh im Gebrauche, wie die vielen alten, mit Eschen— anlautenden Namen darthun, so 9 Eschinabach, Eschenbach (Hammelburg).

Aich und mit Aich— anlautende Namen sind in Bayern nicht weniger als 133. Daß die Mundart Däch sagt, rechtfertigt nicht eih und eich = Eiche zu Aich zu machen.

Gleich fehlerhaft sind die vielen Aigen, munbartlich Dägn, weil sie von dem st. N. eigan, eigen, Eigentum, Grundbesitz stammen.

---

*) Die in Klammern stehenden Zahlen zeigen wie oft die Form vorkommt.

B und P

wirbeln bunt und ohne Regel durcheinander. So Baar (Neuburg), Paar (Friedberg). Das Grundwort ist paro, gen. parawes, nemus, Wald mit Weiden und Triften.

Das ahd. puhil, buhil, puol, bühl erscheint als Bichel, Bichl (35 mal), Büchel, Bühl, Pichel, Pichl, Piel und Biel.

Die Birke, ahd. bircha und birihha; die Buche, ahd. bucha; die Beere, ahd. beri, findet sich nicht minder oft vertreten: Buch, [76] Puch, [5] Pirach, [9] Perach, Birach, Birka, Birkach, Pirket, Piering.

Der Bürstling, ein den Landwirten mißliebiges, steifes Gras (Schmeller I, 202), ist vertreten in Bürstling (Deggendorf), Pürstling (Wasserburg), Pürstling (Erding), Bürstling (Miesbach), Pürstling (Rosenheim).

Noch zahlreicher sind die von ahd. bëro, Bär und pêr, bêr, Zucht-Eber herrührenden Namen, die heute mit Bären—, Beren—, Bärn— und Bern— anlauten.

Es ist wohl nicht leicht möglich, festzustellen, ob sie zu dem einen oder anderen Begriffe gehören.

Ahd. pah, bah, 1. 2. pl. pahha, mhd. beche, Bach findet sich durchgehends mit b. Bezüglich der eigentümlichen Auslautbildung —bäck und —bäcker aus —bach, —bacher: Wessinger, „Bayerische Orts- und Flußnamen", Abt. I zu Rettenbäck.

Sehr verschiedene Formen zeigt brüel, buschige, feuchte Wiese: Brühl (Lindau), Briel (Altötting), Priel [9], Prül [2], Prühl, Prill (Traunstein).

Nahe an 200 Ortsnamen kommen von Brand und deuten auf eine durch Feuer gewonnene Stätte oder auf eine Brandstätte.

Dasselbe sagt Brunst (Rottenburg a. T.) und Prünst [3] (Bogen, Deggendorf, Viechtach).

Ahd. prunno, brunno, Quelle findet sich in zahlreichen Brunn, und in der mundartlichen Mehrheit, die Brünn in Prünthal (Velburg), aber auch in Prien (Rosenheim), Prienbach (Eggenfelden), in der Gen.-Stbs.-Karte Prumbach, Prinkofen (Rottenburg). —ie für ü enthält gewiß auch der Name des Onomatologen v. Grieninger (vergl. Weßinger, „Bayerische Orts- und Flußnamen", S. 124).

Ponholz [9], Bannholz [2], Bonholz sind Formen für im Bann, in der Hege befindliche Wälder.

D. T.

Ahd. bahs, Dachs, vorzugsweise aber Dächsen, Dachsach, dieses mundartlich und Nadelgehölz bezeichnend, ist vertreten in Dachsberg [7], Taxa [4], Taxau, Daxberg [2], Daxham, —bach, —häusel, —thal, —öd, —stein, Taxenberg. Am Lech sagt man Das für Nadelholz, so Daswald bei Schongau.

Ahd. bamo, tamo, Damhirsch, findet sich in Dambach [4], Thambach [4], Tambach.

Die vielen mit Dirn—, Dürrn— anlautenden Orte kommen von burri, Dürre, Trockenheit, die mit Dörn— und Dorn— beginnenden von ahd. dorn, Dorn, Spitze, aber auch Dornstrauch, —busch.

Dobl [26], Tobel [4] weisen auf das in der Mundart verschwundene, auch sonst selten gebrauchte tobal, Waldthal, Schlucht, saltus; die vielen mit Drachs—, Traxl—, Trax— anlautenden auf ahd. drahsil, Drechsler.

Die zahlreichsten sind aber die von tal, pl. telir, Thal, ällin, tellili, vallicula, dann tan, Tannenwald herrührenden Namen. Sie erscheinen in den Formen Dellern, Thalern,

Thalling, Thal, gewiß 100 mal Thalham, —reut, —hof ꝛc., dann Tann und Thann, Tenn—, Tänn— und Thenn—.

Turm und das mundartliche Turn giebt oft Anlaß zu Benennungen, entweder wegen eines wirklichen Turms oder wegen der turmartigen Form des benannten Gegenstandes. Bei einigen mag auch das bayr. Dur, Durn, auf dem Stamme abgestorbener Baumstamm, Grund gewesen sein.

Häufig ist auch Trat, vom Vieh betretenes Grundstück, mit der Dem.-Form Tradl. Traich (Freising, Rottenburg [2]) halte ich für eine Zusammenziehung aus „bei der Eich".

Daß Trach (Miesbach) aus „enthalb der Ach" entstanden ist, steht fest. (Hundt: „Urkunden des Klosters Scheyern.")

Anzunehmen ist weiter, daß Türk— und Dürk— meist auf einen Thuring, wie Türkheim (Augsburg) aus Thuringoheim und Türkenfeld aus Duringfeld, zu beziehen ist.

Drei Duft und Duften tragen ihren Namen eher von Tuffsteinen, als von duft, tuft, Dunst, Nebel, Thau.

E.

Eben, ahd. ëban, Adj., ist 21 mal als Ortsbezeichnung verwendet, in der Zusammensetzung etwa 23 mal. Wenn ein einfaches eben, im Gebirge Boden, Bon, planities alpina, Duft und viele andere als Ortsbenennung auftreten, wird man es nicht mehr so auffallend finden, wenn auch warm und tiffen dazu verwendet werden, wie bei Wirm und Dießen.

Sehr zahlreich, aber in verschiedenen Formen, nämlich Eck und Egg, kommt das ahd. ekka, mhd. egge vor. Es wird damit ein Bergvorsprung, auch der äußere oder innere, durch zwei Linien gebildete Winkel bezeichnet.

Die verschiedenen Formen hätten eine Berechtigung, wenn

nachgewiesen werden könnte, daß die Gründung von Eck (Wasserburg) in die ahd. Zeit, und die von Egg (Traunstein) in die mhd. Zeit fällt. Drei Agg (Rosenheim, Traunstein, Wasserburg) werden hier untergebracht werden müssen.

Eglsee [18] gehören wohl zweifellos zu ahd. ëgala, ëgila, Blutegel, hirudo.

Vier Eiberg (Deggendorf, Pfarrkirchen, Eggenfelden, Grafenau) kommen von ahd. iwa, Eibe. Der Eiergraben (Miesbach) ist aus Eibengraben entstanden.

elira, umgesetzt erila, Erle, Eller, auch Aller, Jrl findet sich in einer Menge Ellerbach, —berg ꝛc., in Jrlach [24], Jrlbach [9], Jrlberg [3], in den vielen Erlach, Erlau, Erlbach und in manchen mit Aller— anlautenden Namen.

Das schon erwähnte asc, asch, Esche ist in Aschau, Aschbach, Aschenau, Eschenau zu suchen, nicht aber in Eschelbach (Pfaffenhofen, Erding), 9 Eskilinpah, welches von einem Personen-Namen kommt.

Auch hier wäre auf Grund der Urkunden festzustellen, ob die mit Asch— anlautenden Namen älter sind als die mit Eschen— beginnenden.

In den Bezirken Rosenheim, Traunstein und Wasserburg sind Eßbaum [17], wohl von Eßban, Eßpan, Weideplatz in einer Flur, kommend. Die mit Ester— anlautenden sind auf Ester, Fallthor zur Flur, oder auf ahd. ëtar, Zaun, zu beziehen, einige aber auf ostar, östlich, wie Esterndorf (Miesbach), Osterendorf.

Die vielen Etz und Ötz sind aus ezzan, weiden gebildete Substantive.

F. V.

Facha (Dachau), Fachenberg (Altötting, Mühldorf), Fachendorf (Rosenheim, Traunstein [2]), Bach [2], Bachenau (Traunstein) gehören, wie Einfang, Bifang zu ahd. fang,

Umschließung, zu ahb. fah — Umzäunung, Umfassung. Das n in Fachenberg ist unorganisch wie in Lindenbaum, Dintenfaß, Traubenkern.

Die vielen Anlaute mit **Fahren**—, **Fahrn**—, **Farm**—, **Farn**—, **Farr**— gehören nicht immer zu var, Fahrt, Weg, sondern auch, namentlich in der Zusammensetzung mit —berg zu varm, farn, varn, silix, Farrenkraut.

Falter, **Gatter**, aus Fallthor, zeigt keine orthographischen Verschiedenheiten. Feld = Fell in **Fellerer**, in **Vellach** (Miesbach), 11 **Velb**—loh, und in **Felln** zeigt die Assimilirung des d zu l, wie auch **Wall**, das früher Wald hieß. Auch **Velben** (Vilsbiburg), 8 **Felba**, 11 **Velden** hat V behalten.

Forach, **Vorach** und **Vorrach** weisen auf ahd. foraha, mhd. vohre, Föhre, pinus silvestris. Auch hier würde es besonderer Untersuchung bedürfen, ob die mit v geschriebenen Orte jünger sind, als die mit f. Ahd. forhana, mhd. vohre, Forelle wird bei den auf—bach auslautenden das Motiv gewesen sein.

Ahd. fiuhta, mhd. fiehte, Fichte erscheint in vielen **Feichten**, **Feuchten**, **Fichten**, **Veicht** [2], **Viecht** (Ebersberg, Landshut, Rottenburg), **Ficht**.

Freiling [8], **Freinberg** [6], **Freiung** [6], **Freyung** [5], **Freundorf** [4], **Freiberg** [3] gehören meistens zum Begriffe fri, frei, vriunge, gefreiter Platz. Freiling (Landshut), 11 **Fritilint**, kommt von Fritilo.

11 mit **Freuden**—, 8 mit **Frieden**— anlautende Namen gehören meistens zu fribu, fribo, st. Mask., eingefriedeter Bezirk; 28 mit **Frohn**—, 9 mit **Fron**— beginnende zu frono, dominicus, herrschaftlich.

Von fenna, fenni, st. Neutr., Sumpf, Moorland, kommt **Föhn**, **Fendberg**, **Fendbach**, **Fendland** (alle Miesbach) **Fembach** (Fraunstein), **Femberg** (Eggenfelden), b euphonistisch, n zu m häufig.

Vier **Furt**, 31 **Furth** und Zusammensetzungen damit sind verschiedene Formen von furt, vurt, Weg durch eine Untiefe.

Die mit **Fuß**— anlautenden Orts-Namen haben die Änderung von ahd. fuhs, vuhs in Fuchs — mit welchem bei 80 Orts-Namen beginnen, nicht mitgemacht.

Daß aber **Füßen** mit der alten Form Fuozzin steht für ze fuozzin (der Berge) hat Bischof Steichele, Bistum Augsburg, B. 4, S. 317. Anm. dargethan.

G.

Gars (Mühldorf) wurde noch nie annehmbar erklärt. Die Formen Ga—roze, Ka—roz, Garez (diese nach v. Grieninger: „Ortsnamen des Ind. Arn.") lassen annehmen, daß die ahd. Vorsetzpartikel ka— ga— ca und rez aus mhd. rözen, also Gerötz, eine Anstalt zum Flachsrösten gegeben sein möchte. Ob nicht **Karres** bei Imst in Tirol, 1313 Cherres, und das seitlich davon liegende **Karrösten** 1582 Kärrerösten, schon damals verdorbene Formen, hierher gehörten? (Tiroler Bote 1890, Nr. 4.) **Harraß** (Miesbach), 13 Harrötz, ist eine Haar- oder Flachsröste, eine sogenannte Brechstube, wie in den bayrischen Voralpen diese Zugehörungen der meisten Anwesen heißen.

Gans erscheint in den Formen Gäns— Gens—; **Geis** als Gais — und Geis; **Gasteig**, aufwärts führender Weg, als Gasta, Gastag, Gasteig und Gstaig.

24 **Giglberg** verdanken ihren Namen dem mundartlichen Gickel, Gugger, d. i. Gukuks. **Guggenberg** [20] und **Guggenbichl** [3] gehören vielleicht zu gucken, ausspähen.

Gfehret (Pfarrkirchen), Gferet (Kötzting, Cham), Gföhret (Passau) zu Föhre mit Vorsetzpartikel Ge = G'. So mundartlich Girlet für Erlengebüsch.

Acht Greut und Greuth, Kreut und Kreuth, [31] Greit [7], Kreit und Kreith [10] zeigen verschiedene Formen für Gereut.

Graben [36] und Gräben [15]. Gräben weisen auf ahd. grabo, wie das 107 mal vorkommende Grub auf ahd. gruoba. Das erste ist eine in die Länge, das andere eine in die Runde gehende Bodenvertiefung; verwandt ist das 23 mal vertretene Grunb.

G'statt = Gestatt: so in Gschaid, Gsäng, Gschwandt, Gschwendt, Gstraiset, Gstüt und andern.

In den sechs Goben (Dingolfing [2], Grafenau, Landau a. J., Vilsbiburg [2]) ist ahd. gobida, incolatus, colonia vertreten.

H.

Ahd. hag, Einfriedigung findet sich 51 mal als Haag, oft als Hag—, Hagg—, oft als Hack. Eine Zusammenziehung aus Hagen ist Hain— und Haim—, Ham— und auch Heim— wie in Heimberg, mundartlich Hamberg (Miesbach), 12 Haginburg. Einige 50 Haid und einige mit Heid— anlautende Orts-Namen weisen auf ahd. heiba, Haide, ebenes, unbebautes Land. — Sehr verschiedene Formen zeigt hart, Wald mit dem Nebenbegriff der Trockenheit. Haar [6], Haardt, Hard, Hardt, Hart. Die Verschiebung t zu z zeigt der Harz, 8 Hart, und wahrscheinlich Harzberg (Miesbach).

Haselau, Hasling, Haslach, Haselbach, Haslreuth sind dagegen regelrechte Formen von hasala, Haselstaube. (Dingolfing, Grafenau [2], Landau a. J., Vilsbiburg.)

huliwa, Pfütze, Pfuhl erzeugte wieder verschiedene Formen: Hilg, Hilgen [6], Hill und sechs Hilling, drei Hüll und ein Hülgen. Mit Höll— Holl— Hohl aus holi, Höhlung, lauten einige 90 Orts=Namen an, meistenteils Weiler und Einöden.

J.

Jaibing (Erding), 11 Jagobinga, ist aus Jakob ver= unstaltet. Illach (Schongau) und Jlbach [3] (Altötting), richtig Jl—ach und Jl—bach kommen von ile, Eile. Jlm = Ulme, irl = Erle, ilse = Else finden sich häufig.

K.

Kaag [2], Kag [5], Kager [19], Kagern [3], Kage [2], Kai [2] aus Gehag, Gehäger. Eine andere Deutung: „Die Kager, ein vom Zeitwort lagen mittels des Suffires r abgeleitetes Hauptwort" in Keinz: „Flurnamen der Mon. boic."

Kapfham [7], Kapfing [6] von chapf, specula, cacumen, Ausgucksort, im Salzburgischen vorspringendes Dachfenster (Schabe). Auf eines von den Kaps [8] bezieht sich der Mon. boic. VI 22 und 39 vorkommende Poppo de Chapsis und ab Chapphas, ebenfalls zu chapf gehörig, mit fehlendem Grundwort, das in Kapfeck (Altötting) und Kapsreut (Griesbach) vorhanden ist. Vier dem Verfasser bekannte Kaps liegen auf Bergvorsprüngen.

Kas auch Kar, Wanne, Trog, findet sich in Kasbach, Kasberg [5] und Kasöd.

Sieben Kirnberg, dann Kürn, Kürnach, Kürnberg kommen von kurn, kürn, Mühlstein, wohl Orte, wo solche zu haben sind.

Einige mit Klaff— anlautende Namen entspringen von

clapb, dem ein mundartliches G'lâff (hohes a) entspräche und deuten auf das Geräusch des Baches, namentlich des Rohrwassers.

Neben Kiefer— kommt auch das synonyme Kien vor. In Kitten— und Kutten findet sich ahd. cutte, chutti, st. Neutr. Heerde, Kleinvieh = Kuntervieh (munbartlich).

Drei Kobel und Kobl [11] bezeichnen ein geringes Wohngebäude in runder Form.

Köhl— und Kell— gehen häufig auf Quelle, wie Kellpoint (Miesbach), wo in der Point, Anger, eine Quelle entspringt.

Kohl—, Kolb—, Kol—, Koll— Kolm sind Formen für ahd. kolo — Kohle, Kohlhaufen.

Vier Klugham sind nette zierliche Heimaten von ahd. kluog, zierlich, nett.

Die mit Knie— anlautenden Namen bezeichnen die Form der Örtlichkeiten, Kniebis = Kniewies, Kniereut, Knieschlag, wozu wohl auch Kniebos (Kempten) zu zählen ist.

L.

Lab, aus ahd. lâo, flectiert lâwër, lau, tepidus ist, wie Wirm, eine Bezeichnung für die Temperatur, auch für die Langsamkeit eines Flusses. Labach, Labenbach und die Laber gehören dahin, vielleicht auch die drei Laab (Traunstein, Pfarrkirchen [2]), wenn die Realprobe dafür spricht, und wenn sie nicht zu den Laub [5], von louba, Laube, Gallerie, pars pro toto, zu zählen sind.

lacha, Pfütze, findet sich in Lachen [6] und Lacken [19].

Laim, Lehm, limus ist in sehr vielen mit Lehm—, Laim—, Lain—, Lam—, Leim—, Lein— anlautenden Namen das Bestimmungswort. Lein—, auch

Lain— dürfte je nach der Lage auch auf Lain aus lewinâ, torrens, gehen. Schmeller 3, 469.

Die feudale Gutsbezeichnung Lehen findet sich in Lechen, personifiziert Lechner, Lehen [42] und Lehner [8].

Leite, Bergabhang, in Leiten [33], Leithen [20], Leutten [6], Leuthen [2]. Acht Limbäche deuten auf mhd. lim, gen. limmes, Brummen, Geheul. Zu Linbach, Linbau, Linden gehören fünf Linner und ein Linnerer, der als Linderer urkundlich nachzuweisen ist.

Loh [42], Lohe, Loch [19], Lochen, Lug [8], Lueg [4] sind entweder zu loh, Busch, Gebüsch, oder zu loh—loch, Verschluß, Versteck, oder zu luog, Höhle, Loch zu stellen.

Lichtenau, —eck, —berg, —fels, —heim, —bach geht auf licht, lieht, glänzend, hell, auch wald=, gesträuchfrei.

M.

Mad, Heuernte, auch Wiese, auf dem Gebirge zum Mähen geeignete Stelle, mundartlich Wiesmâd, kommt vor als Maad, Mad, Madl, Mahd [5].

Meier, Oberaufseher, Bewirtschafter eines Gutes, als Maier, Mayer, Mayr, Meier.

Mais [16] kommt von Meis, Schlag, Holzschlag, Subst. von meizan, schlagen, abhauen.

Sechs Marbach viel eher von marka, marha, Grenze, Ziel, Ende als zu marah, Roß.

Mies—au, —bach, —berg [2], —brunn, —ing, —leuthen stammen von dem mundartlichen Mias, auf dem Boden wachsendes Moos. Einfache Moos sind mehr als 80 in Bayern, dazu 25 Moosen. Drei Murnau, drei Mörn, der Fluß Mürn und der Fluß Mörn, 12 Mer—ina, der Murbach sind zu Mur, fem., von den Bergabhängen niederrollender Sand oder Mür, neut. schlammiges, kiesiges, durch Wasser in Bewegung gesetztes Erdreich zu stellen (Schmeller).

N.

Unter den Ortsnamen auf N nehmen die mit Neu—, Nieder—, Nord— anlautenden Namen den weitaus größten Raum ein. Zwei Nordern sind ohne Zweifel aus Nordarun entstanden, zu den im Norden Wohnenden.

Drei Netzstall kommen von ahd. mhd. nôz, Pl. nôzer, noezer, Nutzvieh, jumentum, auch Wollvieh.

Narnberg, —ham, —stetten, —ing sind Orte an Engen, Klammen von ahd. naru, eng.

O.

Die mit Ober— anlautenden Namen nehmen nicht weniger als 19 Seiten des enggedruckten Ortslexikons ein. („Vollständiges Ortschaften-Verzeichnis des Königreichs Bayern. Bearbeitet vom K. Statistischen Bureau.")

Die vielen Oed und Oez sind bereits erwähnt. Drei Oesch, drei Oeschle gehören zu ezesch, esch, Saat, Flur. Neun Ort bezeichnen den äußersten Punkt, Spitze, Eck, Saum, Seite.

R.

Ahd. hraban, auch hram und ram, Rabe, erscheint in vielen mit Raben— und Ram— anlautenden Namen: Rabenberg, Ramberg, Rabenegg, Ramegg, Ramsach, Ramsau [7]. Das l in Ramelsbach ist eingeschaltet, denn Ramelsbach (Dachau) kommt von Hramespah.

Ahd. riuti, novale, Reutung, urbar gemachtes Land, gab zu den verschiedensten Formen Anlaß:

Reit [63], Reith [26], Reut [24], in Schwaben Reute [7], Reuth [26], Kreuth [31], Greit [6], Greut [4], Greuth [3], Roith [6], während doch bloß Reut und Gereut berechtigt ist.

Rain, Rein, abgrenzender Bodenstreifen, erscheint in Rain [23] und in vielen mit Rein— anlautenden Namen, wie Reingrub, Reinthal.

Rettenbach [21] gehören wohl meistenteils zu der für einige nachgewiesenen Form 8 Rotinpah. Rotbäche sind solche, welche aus Mooren und Sümpfen kommen und rötliches Wasser haben. In Schwaben heißen sie Rötenbäche und Röttenbäche.

Ahd. riot, riet, mit Sumpfgras bewachsener Ort, findet sich über 100 mal als Ried. Die örtliche Beschaffenheit trifft aber nicht immer zu, sei es, daß eine mehrhundertjährige Kulturthätigkeit sie verwischte, sei es, daß der Name wie Riet auch den Begriff des Reutens bezeichnet, so Riedern (Miesbach).

S.

Die einfachste, wenn auch meines Wissens noch nicht aufgestellte Erklärung für Sallach [6] und für den Flußnamen Saale ist die Ableitung von ahd. salaha, mhd. salhe, Salweide, salix, die an Flüssen und feuchten Orten vorzukommen pflegt. In 10 mit Salman — anlautenden Namen erscheint salaman, Mittelsperson bei Übergaben, Testamentsvollstrecker.

Schach [1], Schacha [4], Schachen [18], Schachten [20], Schechen [3] zeigen das mundartliche Schachen, mhd. schache, Waldrest.

Fünf Scheuern sind von sciura, Scheune, abzuleiten.

Zwölf Schellenberg beziehe ich auf schölch, ausgestorbene Hirschart.

Schlatt, Schlag, Schlacht sind Formen aus slag, slac, Schlag, Holzschlag.

Schlott [18] von slote, Schlamm, nasse Erdmasse, (Schmeller 3, 461); **Schnaib** [5], **Schnait** [4] von snit, Umschnitt, Abschnitt; **Schopf** bezeichnet ein hervorragendes Waldstück, **Schoren, Schorn** geackertes Erdreich. **Spielberg** [19] scheinen mir Ellipsen aus Spielhahnsberg, wo der Birkhahn sein Spiel treibt.

Die vielen **Stocka** und **Stockach** sind Gegenden, wo sich Baumstümpfe, trunci, befinden.

W.

Wald [26], **Wall** [7] mit zu l assimilierten d und **Waal** [3] sind verschiedene Formen aus ahd. walb, pl. waldä.

Ob **Waid** [3], **Waibach** [3], **Weib** [4], **Weibach** [21] und viele mit **Wein**— zusammengesetzte Namen zu weiba, Futterstelle, oder zu wiba, Weide, salix, gehören, ist nicht immer festzustellen.

Jedenfalls ist es abzulehnen, bei den mit **Wein**— anlautenden Namen sofort an Weinbau zu denken; win, pascuum, mit der Ablautung i zu ei, und eine Zusammenziehung aus Weiden— liegt näher. Elf **Wieden** kommen zweifellos von wiba.

Weiher [41], **Weihern** [16], **Weyer** [2], **Weyern** [2] sind von wiwari, wiare, Weiher, Teich, piscina, vivarium, herzuleiten. **Weyarn** (Miesbach) hat keine Berechtigung.

Walch [3], **Walche** [1], **Walchen** [2], einige **Walln** und **Wallner** gehen auf walah, walh, Fremder, Ausländer, peregrinus, Romanus zurück.

Wang [4], **Wangen** [4], **Wank** [3] kommen von wang, mit dem Sinne eines unbewaldeten Bergabhanges.

Fünf **Wendling** kommen nicht von demselben Grundworte. **Wendling** (Miesbach), 11 **Wentilgering**, von **Wentilger**, **Wendling** (Laufen), 11 **Vendingin** von vinid, Wende, **Wendling** bei Freiburg im Breisgau, 8 **Wentiling** von Wentilo.

Wimm, Brunnquell, findet sich 33 mal.

3.

Zahlersberg (Miesbach) ist ein Beispiel für die große Unsicherheit in manchen Ortsbenennungen. In der Generalstabskarte steht: „Zalfersberg" „(Zallisberg)". Das Mayersche Ortslexikon hat Salisberg. Die Übersichtskarte des Grundsteuerkatasters: Zahlersberg. Eine alte Form ist nicht aufzufinden. Zusammenhang mit sal, Haus, Wohnung, stark. Neutr., also Berg mit einem einen Saal enthaltenden Gebäude, scheint eine annehmbare Erklärung und würde Saalesberg rechtfertigen.*)

---

*) Für in onomatologischen Dingen unbewanderte Leser sind die gegebenen Erklärungen allerdings sehr kurz und bündig und dürften deswegen an ihrer überzeugenden Kraft einbüßen. Auch wurden viele Citate unterlassen, und zwar deswegen, damit die Arbeit nicht schwer leserlich und schwerfällig erscheine. Es ist daher vielleicht nötig, hinzuzufügen, daß dem Verfasser die ganze einschlägige Litteratur zu Gebote stand. Von Förstemanns Ortsnamen hatte er aber nur die erste Auflage, von Schmellers Bayrischem Wörterbuche ebenfalls. Die neuen Auflagen von Oskar Schades Altdeutschem Wörterbuche und Kluges Etymologischem Wörterbuche der deutschen Sprache mußten gleichfalls vermißt werden. Die Schriften von Egli, Steub, Buck, Schneller, Prinzinger, Grieninger, Lohmayer, Mahn, Riezler, Kugler, Freudensprung, Christ, Schulze, Mayr, Müller, Weinhold und anderen waren unentbehrlich.

Zweiter Abschnitt.

Bisherige Anläufe zur Rechtschreibung der Ortsnamen.

Hat der erste Teil dieser Abhandlung die Überzeugung aufdrängen müssen, daß es richtig ist, was zum Beweise ausgesetzt war, daß aus den heutigen Formen der Ortsnamen deren Sinn keineswegs klar hervorgeht, daß, denselben herauszufinden, häufig mit Schwierigkeiten verbunden ist und daß die einfachen zu Ortsnamen verwendeten Grundwörter ganz verschieden geschrieben sind, und ist mit dieser Thatsache die Anbahnung einer Reform nahegelegt und wünschenswert gemacht, so fragt es sich, auf welche Art und Weise und nach welchen Grundsätzen diese schwierige und umfangreiche Arbeit zu beginnen ist.

Wer sich aber mit der Beantwortung dieser Frage befaßt, hat vorerst Umschau über die in dieses Fach gehörigen Arbeiten zu halten.

Ein allgemeiner, systematischer, die ganze Welt der deutschen Ortsnamen umfassender Vorschlag kann nicht ver=

zeichnet werden. Weder von Reichswegen, noch von einer deutschen Einzelregierung wurde der Sache in der Weise näher getreten, daß offizielle, allgemein gültige Verzeichnisse der Ortschaften hergestellt wurden, welche zugleich die auf bestimmte Regeln gegründeten Abänderungen der bisher verfehlten und verdorbenen Schreibung enthielten. Die mit der Toponomastik sich befassenden Männer haben wohl hie und da die Frage berührt, aber nicht umfangreich, umständlich und gründlich genug, um daraufhin amtlich eine Korrektur der Ortsnamen auch nur eines einzelnen deutschen Landes in Erwägung ziehen zu können.

Die älteste, einschlägige Arbeit ist wohl die 1873 erschienene Schrift von Karl Kugler: „Tausend Ortsnamen der Altmühlalp und ihres Umkreises." Es wird in derselben bei jedem der von ihm erklärten Ortsnamen die nach seiner Meinung richtige Form angefügt. Einige Beispiele sollen die Art und Weise seiner Behandlung zeigen und zwar in einer ganz zufälligen Auswahl.

„10. **Heinischhof** ist vielleicht: Hof mit Pferden, Pferdezucht von heingist, hengist, Hengst, Pferd. R. Schr. (Richtige Schreibung) **Heingisthof**.

30. **Rehlingen** heißt zum Eigen des Regilo, Rechilo. R. Schr. **Rechling**.

50. **Almosmühle** ist nach der Analogie von Almoshof bei Forchheim die Abahalmesmuli. R. Schr. **Abahelmsmühle**.

70. **Haardt**: Ortschaft im oder am Walde von hart, Wald, Bergwald. R. Schr. **Hart**.

90. **Ochsenfeld** ist Feld, welches früher als Ochsenweide diente.

115. **Wellheim** . . . war in alter Zeit ein römisches Kastell. R. Schr. **Welchheim**.

135. **Linsthal**, 1186 Linsthal von leina, lein, lin, aus lewin, Gießbach. R. Schr.?

155. **Denkendorf**, Tenchendorf, Denchendorf, ist eine Synkope aus Tännichendorf, d. i Dorf am Tännich. R. Schr. **Tänchendorf**.

175. **Kipfenberg** ist: Berg mit Kuppe, Gipfel. R. Schr.?

194. **Schellborf** ist Dorf, wo sich Schele aufhalten. R. Schr. **Schelborf**."

Diese wenigen Beispiele werden genügen, um zu zeigen, wo es in der Sache fehlt.

Abgesehen davon, daß nicht alle Erklärungen Kuglers für richtig erachtet werden können, weil bei sehr vielen die zur Begründung absolut nötige älteste Form fehlt, lassen die gegebenen, angeblich richtig gestellten Formen, die Regeln und Grundsätze nicht erkennen, nach welchen verfahren worden ist; sie bilden vielfach eine Anlehnung an die älteste Form, ohne Rücksicht auf die Möglichkeit und Angemessenheit der Einführung dieser Form in der Amts- und Geschäftssprache.

Eine weitere einschlägige Arbeit ist der Aufsatz Ludwig Steubs: Über Rechtschreibung der Ortsnamen in dem Buche: „Zur Namens- und Landeskunde der deutschen Alpen. Nördlingen 1885."

Diese Arbeit anerkennt in der dem Verfasser eigenen witzigen und humoristischen Weise die Notwendigkeit einer Reform, hebt die Schwierigkeiten derselben hervor, ermangelt aber irgend welcher Vorschläge hierzu, etwa mit Ausnahme des Satzes, daß jeder Staat eine offizielle Schreibart seiner Ortsnamen aufstellen, diese Schreibung aber so einrichten soll, wie sie die Grammatik verlangt.

Eine ganz hervorragende Arbeit ist ferner noch die Abhandlung: „Die Feststellung und Verdeutschung der Ortsnamen in Elsaß-Lothringen. Allgemeine Zeitung 1887 Nr. 191. 192 L." Allein dieselbe befaßt sich mit der Umwandlung der einst deutschen, unter der französischen Herrschaft französisierten Ortsnamen im deutschen und gemischten Sprachgebiet, mit der Beseitiguug der offenkundigen Verwälschungen und Vergewaltigungen der alten Formen. So geistreiche und zutreffende Bemerkungen die Arbeit enthält, so ist sie doch für den vorliegenden Zweck nebensächlich. Es handelt sich nun ja um eine sinngemäße, grammatikalisch richtige Schreibung der alten deutschen Ortsnamen.

Anzuführen sind endlich noch die Bemerkungen Dr. Georg Mayers in dem bereits erwähnten Werke: „Vollständiges Ortschaften-Verzeichnis des Königreichs Bayern." Die im ersten Abschnitte vorliegender Abhandlung enthaltenen **heutigen** Formen sind diesem Verzeichnisse entnommen. Die an diese Formen geknüpften Erklärungen mögen einen Beleg für die Seite 12 des Vorworts zum Verzeichnisse enthaltene Bemerkung bilden: „Gleichwohl kann die ganze Bemühung zur Richtigstellung der Schreibweise der Ortschaften noch nicht als etwas Vollendetes, sondern nur als ein Schritt zum Bessern betrachtet werden." Es wird weiter unten vielleicht gezeigt werden, daß die bisherigen Anfertiger solcher Vrzeichnisse die Verwaltungsbehörden und selbst historische Vereine nicht als zuständige Gerichte zur Entscheidung der Frage erachtet werden können, ob ein Ortsname so oder so zu schreiben sei. Positive Vorschläge enthalten endlich die Thesen, welche auf Veranlassung des Züricher Erziehungsrathes von Ferdinand Staub und Paul Schweizer über die künftige, offizielle Schreibweise der Ortsnamen des Kantons Zürich aufgestellt worden sind. Diese noch ungedruckte Abhandlung gipfelt in den Sätzen:

1. Der Name muß nach Laut und Schreibung, wenn möglich, allgemein verständlich sein.

2. Die aufzustellenden Formen dürfen der festgewurzelten Sprachgewohnheit der jeweiligen Gegenwart eher kühn vorauseilen, als längst abgestreifte Sprachproben wieder zurückführen wollen.

3. Wohl wird aber für die unter gewissen Bedingungen regelmäßig eintretenden, konstant mundartlichen Verderbnisse der ursprüngliche und rechtmäßige Laut eingesetzt.

4. Die Schreibung soll nicht ohne zwingende Gründe von der allgemeinen Orthographie abweichen.

5. Ungleiche Namen dürfen nicht gleich geschrieben werden.

6. Umgekehrt wird Dissimilation in Wortform und Wortbild gerne benutzt, um ein Wort als Eigennamen von seiner appellativen Anwendung abzuheben.

Diese nun in den Kantons-Akten begrabenen Regeln sind nie zur praktischen Anwendung gekommen. Deren Vollzug wäre vielleicht eine schöne Krönung der grundlegenden Arbeit Dr. H. Meyers: „Die Ortsnamen des Kantons Zürich" gewesen.

Die auf die Frage der Rechtschreibung bezüglichen Arbeiten im außerdeutschen Sprachgebiete, insbesondere die hervorragenden Frankreichs und Belgiens, werden hier nicht weiter aufgeführt, weil sie außer dem Rahmen der gestellten Aufgabe liegen.

§ 7.

Allgemeine Vorschläge.

Es wird keinem Zweifel unterliegen und daher einer weiteren Begründung auch nicht bedürfen, daß der Staat den ersten Schritt zur Durchführung einer verbesserten Schreibung der Ortsnamen machen muß. Seine Mittel und seine Autorität sind unbedingt nötig, nicht allein, um die geeigneten Kräfte zur Aufstellung der zu beobachtenden Grundsätze zu gewinnen, sondern auch, um die Ortsnamen in dem neuen Gewande dem Volke vorzuführen und sie zur allgemeinen Kenntnis zu bringen. Dem Staate ist es vorzubehalten, die aus diesem Anlasse erscheinenden Gegenvorstellungen und sachverständigen Kritiken zu würdigen und zu prüfen. Er hat mit einem Worte die umfangreichen Vorarbeiten zu sammeln und darüber zu entscheiden, ehe eine entsprechende Herstellung des verbesserten Ortsverzeichnisses und dessen Einführung beschlossen werden kann. Dabei ist es aber nicht notwendig, daß dies alles von Reichswegen geschieht. Die dem deutschen Volke angeborene Eigenschaft der Individualisierung hat im Laufe der Jahrhunderte den verschiedenen Charakter der Volksstämme und ihrer Mundart zu erhalten vermocht; die Mundart ist auch den Ortsnamen aufgedrückt und daher und auch wegen des Umfangs der Arbeit dürfte es sich empfehlen, wenn die Sache von den einzelnen Staaten bezüglich der in ihnen vertretenen Volksstämme in die Hand genommen würde.

Ein Hauptgrundsatz wird dabei nicht außer Augen gelassen werden dürfen. "Wenn der Staat," sagt der Verfasser der Abhandlung über Verdeutschung der elsässischen Ortsnamen, "als novator verborum auftritt, muß er weit vorsichtiger sein, als wenn er eine ganze Staatssprache einführt, weil die Kritik gegen eine Erfindung oder eine Entdeckung sich wendet, während sie allgemein Anerkanntes als solches nicht angreift."

Und an einer anderen Stelle: "Man kann heute einer Stadt ohne Gefahr ihre Verfassung nehmen, morgen aber ihren Namen nicht abändern." Dann weiter: "Was liegt schließlich daran, ob ein durch Milliarden von Handels-

Etiketten eingebürgerter deutscher Name auch etymologisch richtig ist."

Es wird sich auch empfehlen, daß ein neues, amtliches Ortsverzeichnis vorläufig mit keinerlei Zwang zur Einführung der neuen Formen verbunden sei, selbst für die Ämter nicht. Es wird dann gehen, wie es bei der allgemeinen deutschen Rechtschreibung gegangen ist. Auch diese wurde nicht einheitlich, sondern von mehreren deutschen Staaten mit verschiedenen Ergebnissen aufgestellt. Sie bürgert sich nach und nach ein, indem sie die Ministerien in ihren Amtsblättern, die Regierungen in den Organen für Veröffentlichung ihrer Erlasse, indem sie Zeitungen und Zeitschriften in Anwendung bringen. Ja, man kann sogar bemerken, daß selbst Gegnern dieser neuen Rechtschreibung manchmal eine neue Form in die Feder fließt, daß sie Urteil und Rat schreiben, statt Urtheil und Rath.

Auch muß vorgreifend jetzt schon bemerkt werden, daß die Änderungen, die in der allgemeinen neuesten Orthographie gegenüber dem großen Wörtervorrate der deutschen Sprache beschlossen worden sind, nicht gerade erheblich und durchgreifend gewesen sind, und bei der Restauration der Ortsnamen noch viel weniger umfangreich sein werden und können. Das gebietet schon die Rücksicht auf den Handel und den Verkehr und die manchmal notwendige Unterscheidung gleichnamiger Orte. Es wird etwa nur darauf ankommen, die Grundwörter, wenn sie allein stehen, und in der Zusammensetzung, wenn sie zweifellos sind, einer einheitlichen Schreibung entgegenzuführen. Man wird also nicht gewärtigen müssen, so schön es übrigens wäre, daß aus Schweinersdorf — Schwanhildorf, aus Greimelberg — Krimhildberg wird.

Endlich wird schon an der Hand der bisherigen Ausführungen einleuchten, daß die Männer, welche die Direktiven aufstellen und die neuen Formen in Vorschlag bringen, Fachmänner sein müssen, die sich eingehend und mit Erfolg mit der Ortsnamenkunde beschäftigt haben, die die Geschichte und Entwickelung der deutschen Sprache beherrschen, denen endlich die Urkunden der betreffenden Gegend behufs Feststellung der ältesten Formen bekannt sind. Sie werden diese Formen sogar aus den Original=Urkunden ablesen und wiedergeben müssen, da bekanntlich die älteren Urkunden=Abdrücke gerade in Bezug auf die Wiedergabe der Ortsbezeichnungen viele Fehler enthalten.

Auch die Kenntnis der Ortslage scheint mir erforderlich zu sein. Ein an sich dunkler und schwer zu erklärender Ortsname wird plötzlich klar, wenn man ihn in seiner Umgebung erblickt, weil man den Grund erkennt, welcher die Benennung veranlaßt hat.

Wenn man so gerüstet ans Werk geht, kann ein gedeihlicher Erfolg nicht ausbleiben. Wenn es auch bei dem Versuche bliebe, weil man längst eingebürgerte Namen aus amtlichen, Verkehrs= und geschäftlichen Rücksichten nicht ändern will, so ist doch der Vorteil nicht hoch genug anzuschlagen, der für die allgemeine Bildung des Volkes, für die Geschichte der Kultur und Ansiedelung aus einer systematischen Beleuchtung und Aufklärung der Ortsnamenwelt erwächst. Ein bislang dunkles Gebiet wird dem Wißbegierigen geöffnet und zugänglich gemacht. Mit Verwunderung wird er den Scharfsinn und die Mannigfaltigkeit betrachten, die unsere Vorfahren bei Benennung der Wohnorte walten ließen.

§ 8.
Besondere Vorschläge.

Die Grundsätze, welche bei der Besserung der Schreibung der Ortsnamen zu beobachten sind, können am anschaulichsten aus einem Versuche geschöpft werden, der sich zur Aufgabe gestellt hat, die Ortsnamen eines bestimmten Bezirks orthographisch richtig zu stellen. An solchen praktischen Beispielen sieht man sofort, wie weit man in der Änderung des Lautes und Bildes gehen darf, um nicht die allgemeine Erkennbarkeit des Namens zu verwischen. Darauf hat es vorzugsweise anzukommen.

Der Verfasser hat für diese Prüfung die Ortsnamen des Bezirksamtes Miesbach in Ober-Bayern ausersehen, und zwar deswegen, weil ihm kaum eine alte Form der dortigen Ortsbenennungen entgangen sein wird und weil ihm die Lage eines jeden wohl bekannt ist. Die erste Durchsicht hat nun nachstehende Änderungen als empfehlenswert erscheinen lassen.

Man schreibe E i ch statt Aich. A hat keine Berechtigung; es verdankt seine Entstehung nur dem mundartlichen Oach, Eiche.

Ebenso muß der Aigner, Dägner, zu einem E i g n e r werden, weil es von eigan, st. N. Grundbesitz, kommt.

A i n h a u s ist kaum mit dem Zahlworte e i n im Zusammenhange und wohl aus A g i n e s h u s entstanden und wird bestehen bleiben müssen, schon zum schriftlichen Unterschiede von einem E i n h a u s desselben Bezirks.

Bitzelehen ist richtig ein B ü z z e l e h e n. Als solches lautlich von ersterem nicht unterschieden, eine Konzession an die Mundart, die Büzze für Pfütze sagt. Das Wort in ein hd. Pfützelehen umzuwandeln, würde zu weit gehen.

B e t b e r g statt Bötberg, ein Berg, wo bei der dortigen uralten Kapelle gebetet wird.

T a r c h i n g statt Darching, denn es kommt von Tagirih-hingin.

D e i s e n r i e d kann bleiben, weil ein Diso und ein Tiso in den alten Urkunden vorkommt.

Dratberg aber ist in T r a t b e r g zu wandeln, weil es von dem mundartlichen Trat (schwaches Feminin, Viehtrieb) kommt

Osterndorf statt Esterndorf, weil von Osterendorf dieses von ostar, östlich.

Feching statt Föching, weil von Fechinga.

Vendbach statt Jendbach, weil von Vendenbach, Vendespah.

Feistenau statt Faistenau, weil von feist, fett.

Godenau statt Gottenau, weil von Godo.

Gailing statt Galling, weil von Gailingen.

Guckenbichl statt Guggenbichl, und **Eck** statt Egg.

Bichl statt Bühel ist mundartliche Eigentümlichkeit.

Hartbenning statt Hartpenning, weil von Hartpenningas und p zu b verschoben wurde.

Hülgenrain statt Hilgenrain, weil von Hülge, cavea.

Grüning statt Krinning, weil von grün oder dem Personennamen Grun.

Lützelau statt Litzelau, weil von lützel, klein.

Bithal statt Pithal, weil von bi— bei oder bia, Biene.

Bosch statt Posch, weil von Bosch oder Bozo.

Bracher statt Pracher, weil von brahha, aratio prima.

Im Buchs statt Imbux, weil von Buchs, buxus, πύξος.

Drachslheim statt Draxlheim, weil von Drehsilhaim.

Keck statt Köck, weil von Kek, Brunnquell.

Rainthal statt Reinthal, weil von Rain, clivus.

Reutham statt Reitham, weil zu riuti, novale.

Tülching statt Dilching, weil von Tulicho.

Watersdorf statt Wattersdorf, weil von Wetrihsdorf.

Weihern statt Weyarn, weil Dativ von Weiher, ahd. wiari.

Wernsmühle statt Wörnsmühle, weil von Wernherismüli.

Aus diesen Beispielen wären die nachstehenden Regeln abzuleiten:

1. Zweifellose Grundwörter sind hochdeutsch zu schreiben.
2. Ausnahmsweise kann der Mundart eine Konzession gemacht werden.
3. Wechsel der Konsonanten b p, t d, g k und der Vokale e ö, i ü, ai, eu ei ist gestattet, wenn es die Abstammung erfordert.

Gehen wir nun einen Schritt weiter und stellen die Frage, ob zur Wiederherstellung des Sinnes eines Ortsnamens auch die Änderung und Einschaltung von Vokalen und Konsonanten gestattet sein soll, also nicht allein der Tausch verwandter und gleichlautender und zwar mit Rücksicht auf die bayerische Zunge gleichlautender, die keinen Unterschied zwischen b und p und eu und ei macht, so kann auch diese Frage an der Hand von Beispielen beantwortet werden.

Ableiten und Abwinkl sollten auf Grund der alten Formen Aheliten und Ahiminchla und der daran anknüpfenden Volkssprache, welche Aleiten und Awinkl sagt, entweder Ahleiten, Ahwinkel oder Achleiten und Achwinkl geschrieben werden.

Ellbach sollte den Elch in der Form Elchbach erkennen lassen; Glückstatt soll, weil von Glizstett kommend, in Glizstatt verwandelt werden; Anning aus Amelung soll wenigstens Amling heißen.

Höhen statt Högen, Höh statt Hög würde den zutreffenden Sinn geben.

Auf ähnliche Weise würde aus:

Fellach, Felleiten, Feller — Feldlach, Feldleiten, Felder;

Finsterwahl und Wall — Finsterwald und Wald;

Fülling — Pfuhling; Harraß — Harroeß;

Inselkam — Einzelham; Kaiser — Kaser;

Klarer — Glarcher, Personifizierung von G'larch, Lärchenwäldchen;
Kranzerer — Karanzer d. i. Kärnthner;
Parsberg — Paßberg; Pförn — Föhrn;
Pletzerer — Pletschacher; Rabthal — Rotthal;
Rechthal — Rehthal; Rainsberger — Reisberger;
Robogen — Ronbogen, Ellipse aus Ronbergsbogen;
Schmerolb — Schmerholz; Streitau — Streuau;
Wiessee — Westsee.

Es sind dies Berichtigungen, welche den ursprünglichen, urkundlich nachweisbaren, der Lage entsprechenden Sinn herstellen. Gewiß sind sie daher berechtigt. Eine andere Frage aber ist die, ob zu Gunsten des Sinnes eine solche scheinbar unerhebliche Änderung in Laut und Form zu empfehlen ist. Ich möchte die Frage weder bejahen noch verneinen. Es scheint mir, daß bei jedem einzelnen Namen Erwägungen voranzugehen haben, ob eine solche Änderung mit Rücksicht auf andere oder ähnlich lautende und die Wichtigkeit des Ortes im Verkehr begutachtet werden kann. Es kann zuletzt gleichgültig sein, ob ich die Einöde Raßhof in Roßhof wandle, nicht aber, ob der Gemeindebegriff Wall, meistenteils aus Einöden bestehend, in Wald umgetauft werde. Wiessee, Gemeinde, gleichnamige Ortschaft mit dazu gehörigen Einöden und Villen, westlich vom Tegernsee, ist wichtig genug, um den Namen zu erhalten und nicht in Westsee zu ändern, von dem er stammt. Die Entscheidung setzt daher genaue Bekanntschaft mit den Verhältnissen der betreffenden Örtlichkeit voraus. Wo dieselbe verneinend ausfällt, könnte doch wenigstens in den herzustellenden Ortsverzeichnissen die richtige Form in Klammern beigefügt werden, gleichsam als Vorbereitung für eine zweite Auflage. Bis dahin würde vielleicht auch der Unterricht in den Volks- und andern Schulen beigetragen haben, einige

Aufklärung über die Hauptsätze der Namenskunde zu geben. Dazu würden wenige Stunden genügen, sei es auch nur durch Erläuterung der in § 3 gegebenen Regeln. Es sollte doch mit zur Aufgabe der Erziehung des Volkes gehören, daß ihm das Wesen und der Sinn seiner einst so schönen, nun so sehr verstümmelten Wohnsitznamen nicht dunkel und unerklärt bleibt, und es sollte nicht mehr vorkommen, daß man sich vergeblich müht, dem Namen seines Geburtsortes den richtigen Sinn abzugewinnen.

Freilich, ideale Zustände können niemals erreicht werden. Man kann nur an dem alten Gewande flicken, niemals aber die Tunika der ersten Jahrhunderte unserer Seßhaftigkeit wieder einführen. Man mag einen Knopf an dem Kleide versetzen, auch einnähen, aber die zu kurz gewordenen Ärmel und Schöße zu verlängern, wird schon auf Hindernisse stoßen, weil dem durch Jahrhunderte geheiligten Gewande keine Form gegeben werden darf, die es der Mitwelt unkennbar macht.

Die aus einem kleinen Kreise von Ortsnamen entnommenen, unbedingten und bedingten Verbesserungsvorschläge haben nicht allein die Grundwörter und die Zusammensetzungen mit solchen, sondern auch die sogenannten Patronymika und die mit Personennamen zusammengesetzten Ortsnamen im Auge gehabt.

Bezüglich dieser letztern Klasse aber ist doch noch einiges anzuführen, sei es auch nur darum, um die Schwierigkeit einer Korrektur ins Auge fallen zu lassen. Haben vielleicht schon die in § 4 gegebenen Beispiele zu dieser Annahme geführt, so soll der Fortschritt des Verwitterungs=Prozesses gerade bei dieser Namengruppe noch einmal in einigen Beispielen hervorgehoben worden, welche die Systemlosigkeit und Regellosigkeit dieser Verwitterung anschaulich machen. Daraus wird sich wohl ergeben, wie aussichtslos eine durchgreifende Reformation dieser vorzugsweise in der Komposition verstümmelten Personennamen ist.

Man vergleiche die Zusammenstellung in Ernst Förstemann: „Die deutschen Ortsnamen, Nordhausen 1863."

Aus derselben geht beispielsweise hervor, daß die Verbindung -els nicht allein in Abelshausen aus Abalhelmeshusir, sondern auch noch aus 13 andern Personen-Namen hervorgegangen ist und daß die Verbindung -ers nicht allein in Waltersbach auf Walchunispah, sondern auch noch auf weitere 28 Personennamen zurückzuführen ist.

vulf, Genitiv vulfis, eines der häufigsten Elemente deutscher Personennamen weist nachstehende Verwitterungsformen auf:

Aus vulf wurde:
1. olf in Eholfing aus Eholfingun;
2. elf in Machtelfing aus Machtolfing;
3. sl in Schörsling aus Sterolfinga;
4. lf in Halfing aus Hadolfingen;
5. f in Eberfingen aus Ebrolfingen;
6. l in Berlikon aus Berolfinghorva.

Aus vulfis wurde:
1. lf in Malferode aus Meinolvesrode;
2. ls in Sandelshausen aus Sandolfeshusen;
3. fs in Eglofsheim aus Egilolfesheim;
4. ls in Ohlstadt aus Auwolfesstetin;
5. s in Reiskirchen in Richolfeschiricha;
6. Nichts in Holzhausen aus Holzolfeshusen.

Es kamen aber auch noch fremde Bestandteile, d. i. in der Form vulfis nicht liegende Laute in die Namen. So:
1. n in Allensbach aus Alaholvesbach;
2. r in Dietersdorf aus Dictolfesdorf;

3. t in Heimatshofen aus Heimolfeshofen;
4. rt in Hagertshausen aus Haholfeshusen.

Vor solchen Formen steht man mit seinen Korrekturabsichten ratlos.

Den Zustand der gegenwärtigen Rechtschreibung der deutschen Ortsnamen glaube ich nun genugsam dargethan zu haben als das Ergebnis einer Jahrhunderte lang andauernden Abschleifung durch die Zunge. Bei den Grundwörtern haben sich alte Formen früherer Rechtschreibung erhalten, ohne daß daraus der Schluß der Entstehung um diese Zeit gezogen werden könnte. Ein definitiver Zustand ist auch jetzt noch nicht geschaffen; er kann aber geschaffen werden, wenn die Sache im konservativen und wissenschaftlichen Sinne, was schon lange wünschenswert, ja notwendig gewesen wäre, angegriffen wird, wenn einmal in den Ortsverzeichnissen, in den Landkarten, den Katasterblättern, im Verkehre die Einheit der Ortsbezeichnungen angestrebt wird, wenn man auch darauf verzichten muß, für sehr viele derselben den vollen Sinn wieder herzustellen. Diesen dem Volke zur Kenntnis zu bringen, sei der Schule und dem Unterrichte vorbehalten.

Die vorgeschlagenen und von einem einzigen Bezirke abgeleiteten Korrekturen sind aber nicht so wenig und unbedeutend, als es auf den ersten Blick scheinen möchte; es wird sich das bald zeigen, wenn sie auf eine ganze Provinz oder ein ganzes Land ausgedehnt werden.

Die Individualität scheint keinen Schaden zu erleiden, wenn beispielsweise die Leuten [6], Leithen [20] den Leiten [33] zugesellt werden oder wenn man die Leimbach [3] den anderen Laimbach [3] gleichmacht.

Freilich, die Familiennamen hätten ein besseres Recht, gegen eine andere, wenn auch grammatikalisch richtige

4*

Schreibung empfindlich zu sein. Auch sie stammen zum größten Teile von altdeutschen Personennamen. („Die oberdeutschen Familiennamen" von Ludwig Steub; „Das ostfränkische Namenbuch" von Professor Heinrich Weber und andere.) Aber diese Namen machen einen Teil der Persönlichkeit des Trägers aus, bei ihnen kommen rechtliche Verhältnisse in Betracht. Jedermann sträubt sich, seinen Namen anders zu schreiben, als er ihn von den Vorfahren überkommen hat, weil dies jeder für einen Eingriff in seine persönlichen Rechte hält. Hoffentlich ist nun, da das deutsche Volk zu hohen Ehren gekommen ist, auch die Zeit vorüber, daß sich jemand entschließen kann, seinen guten deutschen Namen einer französierten oder englischen Übersetzung zu opfern.

Ein Ortsname erleidet schon eher eine kleine Änderung. Der Ort ist ja mit der Mutter Erde verbunden, ein Verschwinden vom Boden gehört zu den Seltenheiten, seine Individualität bestimmt neben dem Namen auch die Lage und Eigenschaft als Stadt, Markt, Dorf, Weiler, Einöde. Eine kleine Änderung zu gunsten der Grammatik und des Sinnes, mit Verstand, Fleiß und Umsicht vorgenommen, erleidet er viel eher, als der mit der Person so eng verknüpfte Familienname. —

Wenn sich der Verfasser dieser Arbeit nun am Schlusse die Frage vorlegt, ob damit die von der Kommission gestellte Aufgabe gelöst sei, so muß er sofort mit nein antworten, wenn bei der Beurteilung der Grundsatz der Juristen maßgebend ist, daß derjenige nichts beweist, welcher zu viel beweist.

Auf der anderen Seite muß er aber sagen, daß diese Frage dann nicht zu lösen ist, wenn bei jedem einzelnen Ortsnamen auf dessen Ursprung zurückgegangen und die älteste Form mit der heutigen an der Hand der Grammatik und dem davon oftmals abweichenden Entwickelungsgange der Ortsnamen verglichen wird, weil sich dann herausstellt, daß nicht einzelne, sondern die große Mehrzahl der Ortsbezeichnungen eine Form haben, die weder vor dem ihnen zukommenden Sinne, noch vor der Grammatik, noch auch vor der modernen Orthographie bestehen kann.

Daher: Keine Rechtschreibung der Ortsnamen ohne vorausgegangene, gediegene Namensforschung auf dem einzig richtigen Wege der Etymologie mit Berücksichtigung der Eigentümlichkeiten der Ortsnamen; die Verwirrung dauert sonst fort und wird immer größer! —

Zur Verdeutschung der Ortsnamen Deutsch-Lothringens.

Von
Dr. Hans Witte in Straßburg.

Die Grundsätze, nach denen die „Zentralkommission für wissenschaftliche Landeskunde Deutschlands" die in dem Generalstabskartenwerke enthaltenen Ortsnamen richtig gestellt wissen will, sind mit Erfolg nur anzuwenden in Gegenden, die eine verhältnismäßig ruhige politische Entwickelung hinter sich haben. Denn sicher mußten politische Umwälzungen von der Art und von der Radikalheit, wie sie Lothringen mehrfach über sich hat ergehen lassen müssen, einen weitgehenden Einfluß auf die Gestaltung der Ortsnamen dieses Landes ausüben, einen Einfluß, der nach jeder Umwälzung zahlreiche Neubildungen und Umwandlungen hervorrief und in seiner Gesamtheit eine folgerechte Weiterentwickelung des Vorhandenen im Munde des Volkes unmöglich machte.

Ein Land von ursprünglich keltischer Bevölkerung, wurde Lothringen zu Beginn unserer Zeitrechnung weniger durch die geringe Zahl der zugewanderten Römer, als durch den Zwang des Weltstaates in sprachlicher Beziehung romanisiert.

Dann brachte die Völkerwanderung eine starke deutsche Einwanderung. Und diese vermochte es, in dem nördlichen Teile des Landes, wo ihr die Kolonisierung größerer zusammenhängender Komplexe gelungen war, die zurückgebliebene einheimische Bevölkerung aufzusaugen und völlig ihrer Sprache und Gesittung zu unterwerfen. Die Südhälfte des Landes dagegen, in der es die Deutschen nur zu ganz vereinzelten selbständigen Siedelungen gebracht hatten — wie z. B. in Marbach an der Mosel, nördlich von Toul — und in der sie sonst der einheimischen Bevölkerung gegenüber in verschwindende Minderheiten zersplittert an manchen Orten zu finden waren, hat durch Vernichtung der eingedrungenen deutschen Bestandteile ihre romanische Sprache und Nationalität zu behaupten vermocht. Seitdem datiert die nationale Zweiteilung des Landes.

So lange das deutsche Reich stark war, fand in Lothringen keine größere Verschiebung weder in politischer, noch in nationaler Beziehung statt. Die deutsch-französische Sprachgrenze, welche ihre erste scharfe Feststellung etwa um das Ende des 10. Jahrhunderts in weitest vorgeschobener Lage erlangt haben mag, blieb, abgesehen von ganz unbedeutenden Veränderungen, bestehen bis gegen den Beginn des 30jährigen Krieges.[1)]

[1)] Darüber wie über alle Fragen der ehemaligen nationalen Abgrenzung in Lothringen vergl. meine Arbeiten: „Zur Geschichte des Deutschtums in Lothringen", Straßburger Dissertation, abgedruckt im Jahrbuch der Gesellschaft für Lothr. Geschichte, Metz 1890, sowie „Teutsche und Keltoromanen in Lothringen nach der Völkerwanderung", Straßburg (Heitz & Mündel) 1891 Beides mit Karte.

Erst die durch ihn hervorgerufene furchtbare Verwüstung des deutschen Bodens und die damit in Zusammenhang stehende Ausdehnung der französischen Herrschaft hat die Romanisierung beträchtlicher Gebiete bewirkt, in denen bis zum 30 jährigen Kriege die deutsche Sprache erklungen war. Dann haben die Jahre 1870|71 dem deutschen Volke einen Teil seines uralten Besitzes zurückgegeben, und seitdem ist auch ein Zurückströmen deutschen Volkstumes nach dem Südwesten unverkennbar. —

Will man die heutigen Verhältnisse der Ortsnamen Lothringens richtig würdigen, so kann man dies nur bei genügender Berücksichtigung dieser Hauptphasen der politisch-nationalen Entwickelung dieses Landes erreichen. Jede der angedeuteten politisch-nationalen Umwandlungen hat durchgreifend eingewirkt auf die Verhältnisse der Ortsnamengebung, indem die neu auftretenden bezw. sich ausdehnenden Sprachen und Nationalitäten nicht allein eine Menge neuer nationaler Ortsnamenbildungen hervorriefen, sondern auch zahlreiche schon vorgefundene, von der früheren Bevölkerung herrührende Bezeichnungen bestehen ließen und dieselben lediglich dem Geiste der eigenen Sprache gemäß einer mehr oder weniger bedeutenden Umgestaltung unterwarfen. So giebt es im heutigen Deutsch-Lothringen zahlreiche Namen der keltischen Urbevölkerung, welche seitdem im Munde eines romanisch und später eines deutsch redenden Volkes eine eigenartige Entwickelung durchgemacht haben. In den nach dem 30 jährigen Kriege französierten, ehemals deutsch redenden Gebieten kommt dann noch eine neue Stufe der Entwickelung, eine neue romanische hinzu, die seit kurzem wieder von einer neuen deutschen abgelöst zu werden begonnen hat.

Wenn wir jetzt die Frage aufwerfen, inwieweit die Modelungen von Ortsnamen im Munde eines Volkes, deren

Sprache dieselben nicht angehören — also mit anderen Worten die Korruptionen — vom wissenschaftlichen Standpunkte aus als zu Recht bestehend bezeichnet werden können, so wird auch hier die Beantwortung durch einen Hinblick auf die lothringischen Verhältnisse sehr erleichtert. Man kann in der geographischen Namengebung Lothringens zwei Perioden unterscheiden, eine rein volkstümliche und eine mehr politisch-abministrative. In der älteren Zeit entstanden die Ortsnamen durchaus im Munde des Volkes, ohne daß von dem Staate, bei dem von einer Verwaltungsthätigkeit noch kaum die Rede war, irgend ein Einfluß darauf ausgeübt wurde. Die etwa von einem fremden, vorher dort ansässigen Volke übernommenen Ortsnamen wurden ebenso durch die lebendige, naturgemäße Entwickelung im Munde des Volkes allmählich umgestaltet. Den so entstandenen korrumpierten Formen dürfte wohl niemand die Berechtigung absprechen; sie sind noch heute sprechende Beweise einer auf ganz natürlichem Wege, ohne das Eingreifen äußerer Machtfaktoren, allein durch das gegenseitige Kraftverhältnis beider Nationen hervorgerufenen Verschiebung des nationalen Besitzstandes.

Der immer weitere Kreise ziehende Verkehr und die damit im Zusammenhange stehende Zunahme der Verwaltungsthätigkeit des Staates mußte diesen ursprünglichen Zuständen ein Ende machen. Beide führten zu den offiziellen Ortsbezeichnungen, einer Einrichtung, die durch Aufstellung einer einzigen festen Namensform auf die Dauer auf die frische Lebensfähigkeit und Weiterbildungsfähigkeit der im Munde des Volkes frei entstandenen und sich frei fortentwickelnden Ortsnamen einen lähmenden, erstarrenden Einfluß ausüben mußte. Die freie Initiative, deren sich in den älteren Zeiten der Volksgeist bei Bildung und Ummodelung der Ortsnamen erfreut hatte, ging in den letzten Jahrhunderten auf die staat=

lichen Verwaltungsorgane über, in deren Hand es zwar stand,
freien Neubildungen im Munde des Volkes zu allgemeiner
öffentlicher Geltung zu verhelfen, die aber ebensogut alt eingebürgerte, vom Volke angewandte Namen aus irgend welchen
Gründen durch willkürlich erfundene neue ersetzen und im
Laufe der Zeit durch diese aus dem Verkehre verdrängen
konnten.

Diese namengeberische Thätigkeit der staatlichen Verwaltungsbehörden, die ihren Höhepunkt noch nicht erreicht zu
haben scheint — werden doch gerade in letzter Zeit z. B.
zahlreiche polnische Namen in den Provinzen Posen und
Westpreußen durch offizielle deutsche ersetzt — hat sich von
Anbeginn als bevorzugte Gebiete ihrer Wirksamkeit solche
Gegenden erkoren, in denen zwei Sprachen aufeinander stießen
bezw. miteinander gemischt waren. Und man muß zugeben,
daß die Bedürfnisse des modernen Verkehrs, sowie der
modernen Verwaltung in solchen Gegenden, wo zahlreiche
Orte doppeltsprachliche Bezeichnungen führen, es bringend
erheischen, daß eine Benennung als die allein gültige in dem
sich auf größere Entfernungen erstreckenden Handel, sowie im
Verkehre mit den Behörden anerkannt wird. Wenn dabei
ein auf ausgesprochen nationaler Grundlage ruhender Staat
der Sprache desjenigen Volkes, welches ihm sein nationales
Gepräge aufgedrückt hat, den Vorzug giebt, so ist dies nichts
auffallendes.

So hat in Lothringen die Ausbreitung der französischen
Herrschaft eine völlige Umwälzung der geographischen Nomenklatur zur Folge gehabt. In denjenigen ehemals deutschen
Gebieten, welche während der Dauer der Fremdherrschaft
romanisiert wurden, fand eine nahezu vollständige Ersetzung
der deutschen Namensformen durch französische oder wenigstens
französierte statt. Der größte Teil der Ortschaften dieses

Gebietes hat sicher schon in der vorfranzösischen Zeit neben den deutschen französische Bezeichnungen geführt, eine Erscheinung, die für die Beurteilung der nationalen Verhältnisse jener Gegenden im frühen Mittelalter nicht belanglos ist. Französische Bezeichnungen lassen sich sogar für Ortschaften, die noch heute dem deutschen Sprachgebiete angehören, bis in die Zeit des ersten Erscheinens mittelalterlicher Urkunden zurückverfolgen.[1]) So ist Thionville (Diedenhofen) unzweifelhaft die neue Form für das schon in den ältesten Urkunden des Mittelalters belegte Theonisvilla; ebenso ist Bouzonville (Busendorf) entstanden aus Bosonisvilla. Und in den französischen Urkunden des späteren Mittelalters erscheinen die Ortsnamen des deutschen Sprachgebietes fast ausschließlich in französierten Formen.

So konnten als offizielle französische Namen in den meisten Fällen solche eingeführt werden, die zwar zumeist in der Gegend selbst nicht ursprünglich herrschend, wohl aber bei den benachbarten Franzosen schon seit langer Zeit in Gebrauch waren. Aus dem deutschen —ingen wurde —ange, aus —weiler - viller, —dorf — troff u. s. w. Öfter auch steht dem deutschen —dorf französisch – ville gegenüber (so in Barendorf — Baronville), deutschem — ingen französisch — court (so in Gisselfingen — Gélucourt) oder —igny (so in Ibingen — Ibigny). Dergestalt konnte die Hauptmasse der Ortsnamen des deutschen Sprachgebietes von Lothringen mit leichter Mühe in ein französisches Gewand gekleidet werden, das jedoch die ursprünglich deutschen Formen keineswegs überall zu verhüllen vermochte.

---

[1]) Über die Bedeutung dieser Ortsnamen für die ehemalige Gestaltung der nationalen Besitzverhältnisse vergl. Witte, „Deutsche und Keltoromanen u. s. w." Kap. I.

Bei anderen Ortsnamen begnügte man sich mit oberflächlichen französierenden Transscriptionen (so Fribourg, Sarrebourg, Sarreguemines u. s. w.); dabei wurden auch abenteuerliche Korruptionen, wie die des deutschen Taichenphul zum französischen Tarquimpol in Kauf genommen, durch die einige vertrauensvolle Leute dazu verleitet worden sind, den Namen von Tarquinius und πόλις abzuleiten.

Diese Französierung der Ortsnamen Lothringens fand nicht nur in dem französierten Teile des Landes statt, sondern überall, soweit sich die französische Herrschaft erstreckte; auch in den bis auf den heutigen Tag ihrer Nationalität und Sprache nach deutsch gebliebenen Gegenden wurden französische Namensformen offiziell eingeführt.

Derartige Ortsnamenverhältnisse fand die seit 1871 in einem Teile Lothringens wieder eingeführte deutsche Regierung vor. Daß bei aller Schonung des historisch Gewordenen, die dem Deutschen im Blute liegt und die er auch dann nicht verleugnet, wenn dies historisch Gewordene durch einen von übermächtiger physischer Kraft herbeigeführten Bruch mit der organisch folgerechten Entwicklung entstanden ist, ein uneingeschränktes Fortbestehen des bisherigen Zustandes ein Ding der Unmöglichkeit war, wird niemand bestreiten. Mindestens mußten in dem Teile des Landes, in dem sich die deutsche Nationalität erhalten hatte, die richtigen deutschen Ortsbezeichnungen wieder zu Ehren kommen; und dafür hat die Landesregierung durch eine zielbewußte erfolgreiche Arbeit gesorgt. Es galt die Reinigung eines Augiasstalles.

Die Frage, ob auch in dem romanisierten Teile Deutsch-Lothringens die alten deutschen Namen wiederherzustellen seien, hat die Regierung durch praktisches Vorgehen bejahend be-

antwortet; überall ist sie bestrebt, die alten deutschen Namensformen wiederherzustellen, so wurde Gélucourt durch Gisselfingen, Bourtoncourt durch Brittendorf, Aboncourt durch En-
dorf ersetzt u. s. w. Diese Thätigkeit der deutschen Verwaltung,
die es übrigens bis jetzt noch nicht zu einer völligen Wiederherstellung und Wiedereinführung der deutschen Ortsnamen im
ehemaligen deutschen Sprachgebiete hat bringen können, be-
schränkte sich nicht auf diesen Teil des Landes. Übergreifend
auf Gebiete, die aller Wahrscheinlichkeit nach niemals von
einer deutschen Bevölkerung bewohnt waren, führte sie hier
anstatt bestehender französischer die bei den benachbarten
Deutschen in Gebrauch befindlichen Namensformen offiziell
ein. So wurde aus Herny Herlingen, aus Servigny Silbernachen, aus Watimont Wallersberg u. s. w.

Das ist in kurzen Zügen die historische Entstehung der
heute in Lothringen bestehenden offiziellen Nomenklatur.
Dieser historischen Entwicklung entsprechend finden bei der
jetzt Lothringen bewohnenden Bevölkerung folgende Verhältnisse statt: 1) die eingeborene Bevölkerung bedient sich im
mundartlichen Verkehre auch der mundartlichen Namen; 2) findet
ihr Verkehr in der Schriftsprache statt, so wird die offizielle
französische Form der Ortsnamen angewandt; 3) die einge-
wanderten Deutschen gebrauchen die offiziellen deutschen
Formen, welche begünstigt durch die neuerdings getroffene
Einführung der Ortstafeln sich voraussichtlich auch bei der
eingeborenen Bevölkerung schnell Eingang verschaffen werden.
    Welche Stellung soll nun die deutsche Zentralkommission
diesen Verhältnissen gegenüber einnehmen, wenn sie es unter-
nimmt, die auf der Generalstabskarte Lothringens angewandten

Ortsnamen richtig zu stellen? Die munbartlichen Namen, vor allen Dingen diejenigen des französischen Patois sind zu dem Zwecke völlig unbrauchbar, schon aus dem Grunde, weil ihre genaue Wiedergabe nur mit Hülfe der wissenschaftlichen phonetischen Schriftzeichen möglich wäre. Und das schließt ihre Verwendbarkeit in einem Kartenwerke, dessen Ziel möglichst allgemeine Verständlichkeit sein muß, vollkommen aus.

Wollte man dagegen den gegenwärtig im nicht munbartlichen Verkehre herrschenden Gebrauch zu Grunde legen — und das ist ja die wohl in anderen Gegenden ausführbare Absicht der Zentralkommission -- so würde dies hier zu einer bedingungslosen Wiedereinführung der offiziellen französischen Nomenklatur, wie sie vor 1870 bestand, führen. Ein Ergebnis, das das Beschreiten auch dieses Weges zur Unmöglichkeit macht. Denn die Erörterungen der Zentralkommission sind zunächst nur theoretischer Art, nur Vorschläge, welche eine praktische Bedeutung erst dann erlangen können, wenn die Verwaltung sich dieselben zu eigen macht. Es kann daher nicht im Interesse der Zentralkommission liegen, Vorschläge zu machen, von denen sich mit Bestimmtheit voraussehen läßt, daß sie niemals die Billigung der Verwaltung finden und durch diese aus dem Gebiete der theoretischen Erörterung in das der Praxis werden hinübergeführt werden.

Da derart in Lothringen Wege, die vielleicht in rein= deutschen von einer ruhigeren politischen Entwicklung begünstigten Ländern zum Ziele führen, völlig ungangbar sind, so kann die Zentralkommission, sofern sie wünscht, daß ihre Vorschläge einmal praktische Bedeutung gewinnen, sich bei der Richtigstellung der lothringischen Ortsnamen nur darauf beschränken, Vorschläge zu machen, die sich an das bisher von der Regierung innegehaltene Verfahren anlehnen, bezw. die Ergebnisse desselben zu vervollständigen suchen, mithin also

Aussicht auf offizielle Annahme haben. Ein Vorgehen in anderem Sinne würde, falls es ihm überhaupt gelingen könnte, praktische Bedeutung zu erlangen, nur dazu dienen, die in der geographischen Namenklatur Lothringens herrschende Verwirrung noch zu vergrößern, die ohnehin schon so bedeutend ist, daß nur ein zielbewußtes und festes Eingreifen der Regierung ihrer im Laufe der Zeit wird Herr werden können. An der Auffindung der verschollenen deutschen Ortsnamen Lothringens beteiligte sich mit Eifer das deutsche Publikum[1]), allen voran Heinrich Kiepert, der schon auf seiner 1874 in der „Zeitschrift der Berliner Gesellschaft für Erdkunde" veröffentlichten Karte die später offiziell eingeführten deutschen Ortsnamen Bettstein, Reichersberg, Rollingen, Füllingen, Gisselfingen an Stelle der französischen Bezeichnungen Bassompierre, Richemont, Raville, Fouligny, Gélucourt anwendet. Dieselbe enthält sogar schon die heute noch nicht offiziell eingeführten richtigen deutschen Bezeichnungen für Château-Bréhain, Baronville, Haboudange, Hampont und Juvelize in den Formen Bruchcastel, Barendorf, Hoblingen, Hübingen, Gerskirch. So weit eilten die Wünsche des deutschen Publikums der Thätig-

---

[1]) Darüber vgl. Münchener Allg. Zeitg. 1887 Nr. 191 und 192 Beilage. Der Aufsatz behandelt vorwiegend die Thätigkeit der französischen wie der deutschen Regierung in der Ortsnamenfrage. Zum Schlusse werden noch deutsche Namenformen angeführt, so für Neufvillage und Marimont (im Kanton Albesdorf) Neudorf und Morsberg, für Avricourt (im Kanton Rixingen) Elfringen. Von ihnen sollen beide erstere noch jetzt, letzterer bis ins 17. Jahrhundert im Gebrauch gewesen sein. Den Namen Elfringen habe ich selber in den Reichskammergerichtsakten (Straßburger kaiserl. Univ.- und Landesbibliothek) sehr häufig bis in die genannte Zeit angetroffen. Aus dem Landkreise Metz werden für die Ortschaften Antilly, Ennéry, Ay und Vantoux die in der deutschen Nachbarschaft gebräuchlichen Bezeichnungen Enderchen, Ennerchen, Eich und Wanten angeführt.

keit der deutschen Verwaltung voraus. Und als dann später, im Jahre 1879, Kiepert eine neue Karte der Reichslande veröffentlichte, da muß wohl dies Zurückbleiben der Regierung die Ursache des Rückschrittes gewesen sein, den diese Karte in der Ortsnomenklatur derjenigen von 1874 gegenüber in mancher Beziehung darstellt. Wohl finden sich in der Karte von 1879 noch die Namen Bollingen, Fentsch, Bettsdorf, Kurzel, Silbernachen, Argenchen, Armsdorf, Herlingen, Anserweiler, Wallersberg, Sülzen, Diedersdorf und auch das später wieder aufgegebene Heming für Hémilly; aber Barendorf ist ersetzt durch das weniger richtige und unschöne Baronsweiler, Geräkirch durch Juvelize mit Hinzufügung von Geistkirch, Bruchcastel und Hübingen haben wieder dem französischen Château-Bréhain und Hampont weichen müssen, Hoblingen ist verschlimmbessert in Habudingen.

Auch die deutsche Generalstabskarte von Lothringen zeigt das ganz unverkennbare Bestreben, in Übereinstimmung mit dem Vorgehen der Landesregierung die alten deutschen Namen wieder aufleben zu lassen, und unsere Aufgabe wird es sein zu untersuchen 1) ob die wiedereingeführten deutschen Formen die richtigen sind, d. h. ob sie sich aus der urkundlichen Überlieferung begründen lassen; 2) der Regierung ein weiteres Material urkundlicher deutscher Ortsnamenformen zur eventuellen Benutzung zur Verfügung zu stellen.

In Bezug auf die Wiederverdeutschung französierter lothringischer Ortsnamen ist in der Generalstabskarte von 1880/2 und von 1881/3 schon sehr viel geschehen. Im ehemals deutschen, im Laufe der letzten Jahrhunderte französierten Sprachgebiete Lothringens hat die Generalstabskarte an Stelle der bis 1870 offiziellen französischen Ortsnamen die alten deutschen Formen wiederherzustellen versucht: So hat man ersetzt Bassompiere durch Bettstein, Fontoi durch Fentsch[1]), Justemont durch Justberg[2]), Richemont durch Reichersberg, Bettlainville durch Bettsdorf,[3]) Arraincourt durch Armsdorf, Suisse durch Sülzen[4]), Blanche Eglise durch Weißkirchen, Gélucourt durch Gisselfingen[5]), neben dem jedoch die genannte französische Form in Klammern angeführt worden ist, u. a. m.

Alle diese genannten deutschen Namen, welche mit alleiniger Ausnahme von Gisselfingen in dem Kartenwerke des Generalstabes allein ohne gleichzeitige Anführung des französischen Namens stehen, entsprechen den alten urkundlichen deutschen Formen und sind daher sehr wohl berechtigt.

Weniger glücklich ist die Ersetzung von Juvelize durch Geistkirch[6]). Der urkundliche deutsche Name dieses ehemals unzweifelhaft deutschsprachigen Ortes ist nicht der im Generalstabswerke angewandte. Derselbe lautet vielmehr Gerskirchen[7]).

Anders steht es dort, wo man, das ehemalige Ausdehnungsgebiet der deutschen Sprache und Nationalität überschreitend, deutsche Namen solchen Ortschaften beigelegt hat, die aller Wahrscheinlichkeit nach stets von einer kelto-romanischen Bevölkerungsmasse bewohnt worden sind. So finden sich Argenchen, Herlingen, Silbernachen[8]) zum Ersatze für die nicht angegebenen französischen Bezeichnungen Arriance, Herny, Servigny. Bei meinen im Metzer kaiserlichen Bezirks-Archiv in den Monaten Februar und März des Jahres 1890 angestellten

---

[1]) 3533 Sektion Fentsch 1880/2. — [2]) 3513 Sekt. Groß Moyeuvre 1880/2. — [3]) 3544 Sekt. Lüttingen 1880/2. — [4]) 3578 Sekt. Mörchingen 1881/3. — [5]) 3603 Sekt. Maizières 1881/3. — [6]) 3602 Sekt. Marsal. — [7]) So ao. 1473 Gerßkirchen. M. Bz. A. (= Metzer Bezirks-Archiv) G. 9. v. p. 160. — [8]) 3564 Sekt. Remilly 1881/3.

Untersuchungen ist es mir nicht gelungen, diese drei deutschen Ortsbezeichnungen in Urkunden des Mittelalters oder der beginnenden Neuzeit belegt zu finden. Jedenfalls herrschen in den drei genannten Orten selber, wie die französische Urkundensprache, so auch durchaus die französische Form der Namen. Es könnte sich hier also bei den neu eingeführten Formen nur um solche handeln, die zwar zu keiner Zeit bei den Bewohnern der genannten Örtlichkeiten selber, wohl aber bei denen der benachbarten deutschen Bezirke in Geltung waren. Eine Vermutung, deren Richtigkeit mir durch den Sekretär des Metzer Bezirks-Archivs, Herrn Richard, einen gebürtigen und im Lande sehr bekannten Lothringer, bestätigt wurde. Nach seiner Aussage sind diese Bezeichnungen noch heute bei den ländlichen Bewohnern der benachbarten Teile des deutsch redenden Lothringens die herrschenden. So verhält es sich auch mit den Namen Tennschen, Landendorf, Sillers, Lemmersberg, Kurzel, die in der Generalstabskarte an Stelle der französischen Bezeichnungen Les Étangs, Landonvillers, Scilly, Landremont, Courcelles-Chaussy gesetzt worden sind;[1]) wahrscheinlich auch mit Rangwall für Ranguevaux,[2]) Wallersberg für Watimont,[3]) und mit Neunhäuser für Neufchef.[4])

Ein etwas summarisches Verfahren wurde da angewandt, wo es sich um Gruppen von Ortsnamen mit gemeinsamer Endung handelte. Diese Endung wurde in der Generalstabskarte einer gleichmäßigen germanisatorischen Veränderung unterzogen. So wurde das in der französischen Nomenklatur zur Herrschaft gelangte —ange in —ingen zurückverwandelt und damit unzweifelhaft die alte deutsche Form der Endung

---

[1]) 3553 Sekt. Bolchen 1881/3. — [2]) 3543 Sekt. Groß Moyeuvre. — [3]) 3577 Sekt. Baudrecourt 1881/3. — [4]) 3534 Sekt. Hayingen 1·80/2.

wieder hergestellt, die auch heute noch in den deutsch redenden Gegenden gebräuchlich ist. Auch diese Verwandlung des —ange in —ingen ist in der Generalstabskarte nicht auf den noch heute deutsch redenden Teil Lothringens beschränkt worden: sie hat auch stattgefunden in dem ehemals deutschen, jetzt französierten Sprachgebiete, und ihr haben sich auch Namen unterziehen müssen, die sich sogar der Deutsche schon längst gewöhnt hatte, mit dem französischen —ange zu bezeichnen. So ist Marange, Silvange, Clouange ersetzt worden durch Maringen, Silvingen, Kluingen;[1]) Monbelange, Talange, Hagondange haben dem deutschen Monbelingen, Talingen, Hagendingen[2]) weichen müssen. Auch Bezange-la-petite, das aller Wahrscheinlichkeit nach einst eine deutsche Sprachinsel war und als solche niemals im direkten Zusammenhange mit dem geschlossenen deutschen Sprachgebiete stand, hat seinen französischen Namen mit dem deutschen Klein-Bessingen vertauschen müssen.[3])

Bei einer so allgemeinen Umwandlung des —ange in —ingen, wie sie auf der deutschen Generalstabskarte vorgenommen worden ist, und für die sich noch eine große Menge weiterer Beispiele mit Leichtigkeit anführen ließe, ist es um so mehr zu verwundern, daß eine, wenn auch nur ganz kleine Anzahl von Ortsnamen der Generalstabskarte das —ange behalten hat. Ein Grund für diese Ausnahme von der Regel der Umgestaltung ist nicht ersichtlich; und es wird sich daher kaum der Vorwurf einer kleinen Inkonsequenz zurückhalten lassen, wenn, dem sonstigen Verfahren widersprechend, sich auf der Generalstabskarte noch die Namen Amelange,[4]) Azoudange[5])

---

[1]) 3543 Sect. Groß Moyeuvre 1880/2. — [2]) 3544 Sect. Lüttingen 1880/2. — [3]) 3602 Sect. Marsal 1881/3. — [4]) 3552 Sect. Metz 1880/2. — [5]) 3603 Sect. Maizières 1881/3.

und Gonbrexange¹) finden. Ebensogut, wie man aus Haboudange Habubingen gebildet hat, hätte man ohne Frage Amelange in Amelingen umwandeln können; und für Azoubange
und Gonbrexange sind die deutschen Formen Anslingen und
Gunderchingen mehrfach urkundlich erwähnt.²)

Vielfach ist auch gefehlt worden, indem bei der Verdeutschung der Ortsnamen auf —ange weiter nichts geschehen
ist, als die Verwandlung dieser Endung in —ingen, und es
ist leicht begreiflich, daß ein so äußerliches, mechanisches Verfahren uns eine Reihe unerfreulicher Mischbildungen verschafft
hat. Auf diese Weise ist auch das eben erwähnte Habubingen
entstanden. Zu Grunde liegt die deutsche Form Hobelbingen³)
oder verkürzt Hoblingen. Aus ersterer ist die französierte
Form Haboudange entstanden; und aus dieser wieder hat
man ohne Kenntnis der ursprünglichen deutschen Form Habubingen gemacht und so einen Namen erhalten, der weder
vollständig deutsch noch französisch ist, sondern Bestandteile
beider Sprachen in sich vereinigt.

Ähnliche, nur teilweise durchgeführte Verdeutschungen
sind die Namen der Generalstabskarte Landrevingen,⁴) gebildet
aus Landrevange mit Beibehaltung der durchaus französischen
Lautverbindung dre; die richtige deutsche Form ist Lander-
fingen. In Suzingen⁵) hat man das französische z aus
Suzange übernommen. Die deutsche Sprache verlangt ent-
schieden Susingen. In Zondringen⁶) ist das anlautende Z
durchaus undeutsch. In mittelalterlichen Urkunden heißt der

---

¹) 3613 Sekt. Rixingen 1882/3. — ²) So Anslingen M. Bz. A.
G. 11, 76, und Gunderchingen ao. 1423 ebendort G. 7 Nr. 109. —
³) Urkundlich sehr häufig erwähnt, so z. B. ao. 1424 M. Bz. A.
G. 7 Nr. 141. — ⁴) 3583 Sekt. Fentsch 1880/2. — ⁵) 3534 Sekt.
Hayingen 1880/2. — ⁶) 3554 Sekt. Lubeln 1881/3. —

Ort Sonderingen.¹) Ebenso würde auch das z in Anzelingen²) besser durch ein s ersetzt werden. Auch wäre das in die Generalstabskarte aufgenommene Fraquelfing³) zu ersetzen durch Frakelfingen.

Summarisch verfuhr man auch mit der französischen Endung —villers, die man in das deutsche —weiler umwandelte; so wurde z. B. aus Amanvillers Amanweiler,⁴) aus Léonvillers Lauweiler.⁵) Dieser Umwandlung in —weiler wurde auch hier und da das französische —ville unterworfen. So macht die Generalstabskarte aus Ancerville ein Anserweiler,⁶) aus Baronville ein Baronweiler.⁷) Auch die Verdeutschung des Namens des letztgenannten Ortes, der früher dem deutschen Sprachgebiete angehörte, ist eine durchaus künstlich-schematische. Die im Mittelalter herrschende deutsche Namensform lautete Barendorf.⁸)

Das sind die Ausstellungen, welche sich im einzelnen gegen die Namensformen der deutschen Generalstabskarte erheben lassen. Was die Umnennung der lothringischen Ortsnamen im allgemeinen betrifft, so kann man über dieselbe verschiedener Ansicht sein. Auf alle Fälle erscheint die Verdeutschung von Ortsnamen einer Gegend, die niemals dem deutschen Sprachgebiete angehört hat, als etwas gewaltsames, den historischen Sinn verletzendes. Und diese Gewaltsamkeit ist eine zwecklose, da man in der Ersetzung eines alt überlieferten französischen Ortsnamens durch einen vielleicht künstlich gebildeten deutschen doch beim besten Willen keinen Erfolg der nationalen Sache erblicken kann. Aber dieser Weg

---

¹) So ao. 1451 M. Bz. A. H. 2481 3. — ²) 3545 Sekt. Gelmingen. — ³) 3613 Sekt. Rixingen. — ⁴) 3551 Sekt. Gravelotte 1880/2. — ⁵) 3553 Sekt. Bolchen 1881/3. — ⁶) 3564 Sekt. Remilly 1881/3. — ⁷) 3578 Sekt. Mörchingen 1881/3. — ⁸) So erwähnt ao. 1460 M. Bz. A. G. 8 p. 27.

der Germanisierung ist von der Landesverwaltung bereits betreten worden, und das Kartenwerk des Generalstabes hat sich ihr darin angeschlossen. An eine Umkehr ist jetzt wohl nicht mehr zu denken; vielmehr wird auf dem einmal betretenen Wege weiter gegangen werden; und wir werden trotz der soeben geäußerten Bedenken nicht anstehen, die Verwaltung wenigstens insofern dabei zu unterstützen, als wir ihr dazu geeignetes urkundliches Material zur Verfügung stellen werden.

Was dagegen das Gebiet der ehemaligen nachweisbaren Ausdehnung unserer Sprache anbetrifft, so ist es unerfindlich, welcher Grund uns da veranlassen sollte, den unerfreulichen Anblick von Ortsnamen, die trotz der französierenden Entstellungen, die sie über sich haben ergehen lassen müssen, noch immer den Stempel ihres deutschen Ursprungs unverkennbar an sich tragen, länger als unbedingt nötig zu ertragen. Hier wird es uns eine Freude sein, neues Material zur Ausfüllung der Lücken in der durch das Generalstabskartenwerk erreichten Regermanisation ursprünglich deutscher Ortsnamen herbeizuschaffen. Und schließlich wird jede Prüfung der Ortsnamenverhältnisse Lothringens auf diesen Punkt ihr Hauptaugenmerk richten müssen.

Auf der Generalstabskarte erscheinen trotz des offenbaren Bestrebens, überall die deutschen Ortsnamen zur Geltung zu bringen, doch noch sehr zahlreiche, ehemals deutsch redende Ortschaften mit französischen Benennungen. So Pepinville,[1]) das in deutschen Urkunden den Namen Puppersdorf[2]) führt. Niederum und Chémery[3]) sind verderbt aus den deutschen Namen Niederheim und Schönberg.[4]) Das nahe gelegene

---

[1]) 3544 Sect. Lüttingen 1880/2. — [2]) So ao. 1558 M. Bz. A. H. 1335. — [3]) 3565 Sect. Falkenberg 1881/3. — [4]) Niederheim ao. 1296 M. Bz. A. II. 1167 [2]. — Schomberg ebendort H. 685 [1,2]; ao. 1570 in franz. Übersetzung einer deutschen Urk „Schoenberg" H. 685 [3].

Marcourt führt den deutschen Namen Merrechen.¹) Für Hampont, Bathelémont und Mulcey²) sind die deutschen Namen Hubingen, Bettemberg und Miltzingen urkundlich belegt.³) Bréhain⁴) ist jedenfalls verderbt aus dem deutschen Bergheim. Eine urkundliche Feststellung dieses deutschen Namens für den genannten Ort ist mir zwar nicht gelungen. Aber im französischen Departement Meurthe et Moselle findet sich östlich von Longwy, nahe der deutschen Reichsgrenze, ein ebenfalls Bréhain benannter Ort, der in den lateinischen Urkunden des Mittelalters fast ausschließlich in der Form Bergheim⁵) erscheint. Für das benachbarte Château=Bréhain ist der deutsche Name Bruch=Castel urkundlich belegt.⁶) Foulcrey, Ibigny und Haie=des=Allemands⁷) führen die deutschen Namen Folkringen, Ibingen, Hagen. Dieuze⁸) führte im Mittelalter den deutschen Namen Duse,⁹) der in der Form Duß noch heute bei den Bewohnern der benachbarten deutschen Ortschaften üblich ist, und Kerprich bei Dieuze ist entstellt aus Kirchberg. Der einzige Grund zur Beibehaltung dieser Korruptionsform könnte der der Unterscheidung von Kirchberg am Walde, westlich von Saarburg, sein. Donnelay¹⁰) führte den deutschen Namen Dunningen.¹¹) Tarquimpol¹⁰) ist eine der auffallendsten Korruptionen aus dem deutschen Taichenphul.¹²) Für Maizières und Hellocourt¹⁰)

---

¹) Ebendort H. 1167⁴. — ²) 3591 Sect. Château=Salins 1881/3. — ³) Hubingen ao. 1428 M. Bz. A. G. 7 Nr. 202; Bettemberg ao. 1459 ebendort G. 8 p. 12; Miltzingen ao. 1478 ebendort G. 8 v. p. 130. — ⁴) 3578 Sect. Mörchingen 1881/3. — ⁵) So ao. 1341 „Bergheym" M. Bz. A. II. 1723³. — ⁶) ao. 1459 M. Bz. A. G. 8 p. 11. — ⁷) 3613 Sect. Rixingen 1882/3. — ⁸) 3592 Sect. Dieuze 1881/3. — ⁹) So ao. 1486 M. Bz. A. G. 12 v. p. 46. — ¹⁰) 3603 Sect. Maizières 1881/3. — ¹¹) So ao. 1322 M. Bz. A. G. 286¹. — ¹²) ao. 1487 Taichenpull M. Bz. A. G. 11 p. 72; 1546 Techenphul ebendort G. 1783³.

bestehen die deutschen Namen Macheren und Brock.¹) Lascemborn²) in der Nähe von St. Quirin am Donon führt in deutschen Urkunden die Bezeichnung Löffelborn.³ Der Vollständigkeit wegen mag auch erwähnt sein, daß Marsal in deutschen Urkunden in der Regel als Marsel erscheint. Zu einer Verdeutschung dieses Namens ist kein Grund vorhanden, denn derselbe erscheint uns ebensowenig fremdartig, wie etwa die Namen der Rheinstädte Köln, Bonn, Mainz, Basel, die ja bekanntlich ebenfalls nichtdeutschen Ursprunges sind. Endlich wird in dem benachbarten, westlich der Vogesen gelegenen Teile des Niederelsaß Saarunion⁴) in den mittelalterlichen Urkunden stets mit Buckenheim⁵) bezeichnet. Dieser Name ist noch heute bei der Landbevölkerung des Unterelsaß bekannt und bei derjenigen des nordöstlichen Lothringens fast ausschließlich gebräuchlich. Als ich im Jahre 1890 zu einem in jenen Gegenden stattfindenden Manöver eingezogen war, kannte meine Quartierwirtin in Rohrbach nur den deutschen Namen, allerdings in der landesüblich verderbten französierten Form Bouquenom. Die Bezeichnung Saarunion war ihr vollkommen fremd. — Im Bereiche des benachbarten Breuschthales bietet das Straßburger Bezirks-Archiv zahlreiche Belege deutscher Benennungen für Ortschaften, die heute fast nur unter französischen Namen bekannt sind: Belmont und Riangoutte erscheinen in deutschen Urkunden als Schönenberg und Ringelsbach; Fouday und Ranrupt als Urbach und Roßbach; St. Blaise führt den

---

¹) So 1594 in franz. Urk. Brocq. M. Bz. A. G. 118. —
²) 3620 Sekt. Lascemborn 1882/3. — ³) ao. 1667 Löffelborn und —brunn. Straßburger Bezirks-Archiv H. 685 im Güterverzeichnis von St. Quirin. — ⁴) 3581 Sekt. Saarunion 1882/3. — ⁵) So ao 1328 Buckenheym. Urkunden der Grafschaft Saarwerden im Straßburger Bezirks-Archiv Nr. 9.

deutschen Namen Helmsgerieth, und Colroy zeigt die deutsche Korruptionsform Colre.

Auch für Orte desjenigen Teiles von Lothringen, dessen Bewohner aller Wahrscheinlichkeit nach niemals der deutschen Zunge angehört haben, finden sich vorzüglich in den Zeiten des ausgehenden Mittelalters und der beginnenden Neuzeit deutsche Benennungen. Vic und Moyenvic heißen auf deutsch Wich und Medewich.[1]) Und nach einer mir vom Herrn Archivdirektor Dr. Wolfram in Metz freundlichst gemachten Mitteilung soll letzterer Name noch heute bei der Landbevölkerung jener Gegend in Gebrauch sein. Für St. Epvre, Oron und Frémery[2]) finden sich die deutschen Namen St. Erffert, Orn und Fremerchen,[3]) für das benachbarte Lucey Lixingen.[4]) Remilly hat die deutsche Benennung Remelach,[5]) Bourdonnaye[6]) Vortenach,[7]) Lezey[8]) Litzingen,[9]) und, wie schon erwähnt, Avricourt Elfringen.

Das sind die deutschen Namensformen, deren Feststellung mir hauptsächlich mit Hilfe des Metzer Bezirks-Archivs gelungen ist. Ob und in welchem Umfange sich eine Wiedereinführung derselben empfiehlt, darüber hat die zuständige Verwaltung zu entscheiden. Wir können uns daher darauf beschränken, derselben diese Ergebnisse als Material zu überweisen, ohne selber im einzelnen unsere Stellung zu dieser Frage darzulegen, die sich schon aus dem oben Gesagten zur Genüge ergeben dürfte.

---

[1]) Wich ao. 1438 M. Bz. A. G. 6 p. 15; Medewich 1436, ebendort G. 5 v. p. 216. — [2]) 3577 Sett. Baudrecourt 1881/3. — [3]) St. Erffert ao. 1520 M. Bz. A. G. 13 v. p. 64. — Orn und Fremerchen ebendort H. 1176 4. — [4]) H. 1176 4. — [5]) So ao. 1445 M. Bz. A. G. 6 p. 58. — [6]) 3603 Sett. Maizières. - [7]) So ao. 1459 M. Bz. A. G. 8 p. 11. — [8]) 3602 Sett. Marsal 1881/3. — [9]) So ao. 1473 M. Bz. A. G. 9 v. p. 160.

Nachweisung einiger unrichtiger Namenangaben auf den Meßtischblättern des mittleren Deutschlands.

Von
H. Herbers, Kataster-Kontroleur a. D. in Merseburg.

Lf. Nr.	Nr.	Des Meßtischblattes Benennung und Herausgabejahr.	Angabe d. Namen nach dem Meßtischblatte.	Als richtig ermittelte Namenangabe.	Bemerkungen.
1	2244	Zahna (1874)	Hestlermühle	Heßlermühle	
2			Bruchberg	Buschberg	
3	2381	Quedlinburg (1870)	Abtsthurm	Aholzthurm (Ahlsthurm)	
4	2382	Ballenstedt (1870)	Asmasstedt	Asmusstedt	
5			Silbersteinsteiche	Sieberssteinsteiche	
6			Eierkeller	Bierkeller	
7	2390	Kimberg (1874)	Hannitzer Forsthaus	Parnitzer (oder Barnitzer) Forsthaus	
8	2392	Jessen (1874)	Hansländen	Hansländer	
9			Kleitzhübel	Kiebitzhübel	
10			Baber Kolk	Raber Kolk	
11			Gelbe Loch	Stachelnuß-Kolk	
12	2454	Harzgerode (1870)	Ampenberg	Amptenberg	
13			Rammberg	Ramberg	
14			Conradsfeld	Conrodfeld	
15			Osterhäuschen	Osterhäufchen	
16			Stäbe	Stäbel	
17			Schalkenberg	Schalkenburg	
18			Mittelköpfe	Mühlköpfe	
19	2459	Gröbzig (1872)	Krusurns Anger	Krumme Anger	

Lf. Nr.	Des Meßtischblattes Nr.	Benennung und Herausgabejahr.	Angabe d. Namen nach dem Meßtischblatte.	Als richtig ermittelte Namenangabe.	Bemerkungen.
20	2464	Schmiedeberg (1874)	Schanmühle	Schackmühle	
21	2529	Mansfeld (1872)	Blumerode	Blumerode	Dorfname
22			Cresfeld	Creisfeld	desgl.
23	2530	Eisleben (1872)	Honneburg	Hüneburg	
24	2604	Teutschenthal (1874)	Cölme	Cöllme	desgl.
25	2607	Kölsa (1872)	Glessien	Glesien	
26	2677	Querfurt (1874)	Prettitz	Pretitz	
27	2749	Weißenfels (1872)	Größte Hügel	Gröster Hügel	Nach dem benachbarten Dorfe Gröst und nicht etwa als Superlativ von groß.

Fehler, welche darin bestehen, daß die betreffenden Namen nicht auf die richtige Stelle gesetzt sind:

Lf. Nr.	Nr.	Benennung und Herausgabejahr.	Angabe b. Namen nach dem Meßtischblatte.	Als richtig ermittelte Namenangabe.	Bemerkungen.
28	2381	Quedlinburg	Silmendorf		
29	2454	Harzgerode	Könnickenberg		
30			Glockenborn		
31	2455	Pansfelde (1870)	Kahlenberg		
32			Mittelberg		
33	2462	Burgkemnitz (1874)	Burgkemnitzer Holz		
34			Jösigk-Forst		
35	2537	Wildenhain (1874)	Oberland [1]		[1] Das betr. Grundstück heißt übrigens Oberländer.

Schlußwort
vom Herausgeber.

Die vorstehenden Blätter liefern an der Hand eines Thatsachenmaterials, das sich leicht verhundertfachen ließe, den Beweis, wie dringend die Namen auf den Karten des Deutschen Reiches einer sorgfältigen, gründlichen und systematischen Durchsicht bedürfen. Es soll hier zum Schluß nur noch (zugleich mit Verwertung dankenswerter anderweiter Angaben, welche der Zentral-Kommission aus den verschiedensten Teilen des Reichs auf ihr Preisausschreiben zugingen) versucht werden, klarzulegen, nach welchen Richtungen und mit welchen Mitteln eine zielgerechte Namenverbesserung wohl durchführbar wäre.

1. **Schreib- und Stichfehler sind strenger als bisher zu vermeiden.**

Der Druck- und Schreibfehlerteufel wird sich zwar niemals ganz bannen lassen, aber man muß ihm überall da mit gesteigerter Wachsamkeit zu Leibe gehen, wo es sich um Schriftstücke oder Karten von urkundlicher Bedeutung handelt. Die mit so rühmenswerter Genauigkeit hergestellten Generalstabskarten des Deutschen Reiches genießen nicht allein im Volk autoritatives Ansehen, sondern sie beanspruchen auch solches bis auf ihre Namenformen hinab. Ein Stich- oder Schreibfehler auf ihnen ist deshalb keineswegs gleich zu achten einem solchen, den man auf Karten privater Herkunft bemerkt: nur auf der Generalstabskarte vermag ein solcher Fehler zerstörend einzugreifen in den deutschen Namenschatz, den richtigen Namen vielleicht auf immer vernichtend.

Bezeichnend ist daher eine Eingabe des „Deutschen Weinbauvereins" an unsere Kommission, diese möge sorgen, daß der edle „Markobrunner" dem deutschen Vaterland erhalten bliebe, was dadurch gefährdet sei, daß an der gesegneten Stätte, wo zwischen Erbach und Hattenheim jener berühmte Rheingauer wächst, das Meßtischblatt „Marmorbrunnen" statt Markobrunnen zeigt (ebenso wie irrtümlicher Weise nahe dabei auf dem Niederwald „Rössel" statt Rossel).

Mitunter sind es unangenehme Fehler, die bloß durch Fehlgreifen in einem einzigen Buchstaben oder in dessen Fortlassen begründet sind. So ist auf der Generalstabskarte die Ortschaft Dörflas im Südosten von Ziegenrück Sörflas genannt, Erkmannsdorf in derselben Gegend Ekmannsdorf.*) Auf Sektion 497 des Deutschen Reichs („Neiße") steht in der Südostecke des Blattes als Name einer 733 m erreichenden Anhöhe unweit des Dorfes Sandhübel „Kemmberg", offenbar ein bloßer Stichfehler, da noch die Reymannsche Karte die klangrichtige Wortform Hemmberg zeigt (besser wäre vielleicht zu schreiben Hemberg, neuere Anähnlichung aus früherem Henberg)!**) Der oben (S. 74, Nr. 6) von Herbers an-

---

*) Mitgeteilt von Prof. Dr. Westphal in Schleiz.
**) Mitgeteilt von Dr. Malende in Breslau.

geführte Irrtum, der sich in dem wunderlichen „Eierkeller" (für Bierkeller) verkörpert hat, fällt ganz offenbar nicht dem Kartenaufnehmer zur Last, denn dieser hat sicherlich die am Ort befindlichen großartigen, in den Sandsteinfelsen eingehauenen Kellereien der Ballenstedter Schloßbrauerei gekannt. Mitunter stehen auch die Meßtischblätter und die im halben Maßstab derselben entworfenen Blätter der im engeren Sinn sogenannten Generalstabskarte durch bloße Stichfehler mit einander im Widerspruch; so hat die letztere richtig „Kapengraben" (bei Dessau), das betreffende Meßtischblatt unrichtig „Kupengraben".*)

2. **Die Namen müssen in möglichster Vollzahl aufgenommen und stets genau an die Stätte ihrer Örtlichkeit gesetzt werden.**

Karten in so großem Maßstab wie die Meßtischblätter (1:25 000) haben reichlich Gelegenheit auch z. B. Flur- und Waldnamen, wie sie noch im Volksmund leben, ferner die Namen der kleinsten Bäche und dergl. einzutragen. Jedoch ist diese Gelegenheit nicht immer zur Genüge ausgenutzt worden.

Der um die exakte Aufnahme der Umgebung von Sonneberg verdiente dortige Realschullehrer Clemens Major beweist dies z. B. in folgender Zuschrift, welche sich doch nur auf einen ganz engen Raum beschränkt: „Auffällig ist das Fehlen von Namen wichtiger Gebiete, die sich mitunter mehrere Kilometer weit erstrecken. Ich nenne hier nur den Eggenschlag und die Lippersheide, etwa 7 km südsüdöstlich von Eisfeld, das Schwarze Holz, etwa 3 km südöstlich von Steinheid, die Oberschaar, etwa 4 km nordwestlich von Sonneberg,

---

*) Mitgeteilt von Oberlehrer Dr. Weyhe in Dessau.

die großen Bezirke Sattelleite und Eschenbach bei Neuenbau, die Hessenhöhe südwestlich von Judenbach (bei 645 m), die Fichte, Sommerleite und Bayerische Kriegsleite östlich von Judenbach, die Mühlleite südlich davon und das Conreuth südwestlich von Heinersdorf."

Derselbe sorgsame Topograph giebt für den nämlichen kleinen Raum der Sonneberger Gegend noch weit zahlreichere Irrtümer betreffs der Stelle des Namenaufdrucks an, als oben (S. 75) Herbers für fünf andere Meßtischblätter. Herausgehoben sei nur der eine der Vermerke, der zuletzt auch Bezug nimmt auf (glücklicherweise recht seltene) Unrichtigkeiten in der Situationsaufnahme: „Südlich von Steinheid steht „Ritters-B." an einer Stelle, die zum Forstdistrikt Brand gehört. Diesen Namen führt der Bergrücken, welcher im N. und NW. vom Langebach, im W. von der Grümpen, im S. vom Steinbach und im SO. vom Schletzenbach, dem rechten Nebenbach des Steinbachs, begrenzt wird. Der Ritters-berg dagegen liegt zwischen dem Schletzenbach, dem Steinbach und der Straße Hämmern-Steinheid. Die Mündung des auf der Karte (und auch auf dem Meßtischblatt) nicht benannten Schletzenbachs müßte übrigens etwa 500 m nach SSW. verschoben werden, da der Steinbach nicht wie auf der Karte gerad verläuft, sondern einen nach N. geöffneten Bogen beschreibt. Die beiden südlichen, kurz vor ihrer Mündung sich vereinigenden Nebenbäche des Steinbachs, der „Trockene" und der „Nasse Steinbach", sind deshalb auch zu lang und in ihrer Richtung ganz falsch angegeben."

Wenn wir schließlich von eben diesem genauen Ortskundigen hören, daß ein Berg nordöstlich von Steinach auf der Karte „Dich-Berg" genannt ist, während er thatsächlich Treb oder Tröb heißt, daß ferner der am Sattelpaß entspringende und nach Sattelgrund hinabfließende Bach nicht

„Tettau" heißt, wie auf der Karte steht, sondern Sattel=
bach, während Tettau vielmehr der Name des den Sattel=
bach aufnehmenden Hauptbachs ist, so wird ersichtlich, wie die
Namen selbst auf unseren autoritativen Karten dann und
wann entweder aus durchaus unzuverlässiger Quelle entlehnt
oder ganz unrichtig angesetzt (bezüglich ausgelassen) sind, was
z. B. die ganze Auffassung des Hauptarmes gegenüber den
Nebenzweigen bei manchem Flußsystem des Thüringerwaldes
nach den Meßtischblättern außerordentlich erschwert.

3. Die Rechtschreibung vielfach wiederkehrender appel=
lativischer Namenendungen sowie der phonetische Wert
der Buchstaben ist gleichmäßig festzusetzen.

Als sich Oberlehrer H a u s h a l t e r in Rudolstadt vor einigen
Jahren an unseren Generalpostmeister Dr. S t e p h a n wandte mit
dem Gesuch, „die völlig prinziplose Unterscheidung der Namen auf
=stedt und =städt abstellen zu helfen, erhielt er die Antwort,
daß dies freilich sehr wünschenswert sei, aber nicht von der
Reichs=Postverwaltung könne geregelt werden, „da die Be=
stimmung über die Schreibung der Ortsnamen zum Geschäfts=
bereiche der Landesregierungen gehört." Indessen, so viel be=
kannt, haben sich die deutschen Landesregierungen nie um der=
gleichen bekümmert. Und wäre es denn auch ersprießlich,
wenn sich die Souveränität der deutschen Einzelstaaten darin
kundgäbe, daß man im Herzogtum Gotha fortan müßte =stedt
schreiben, im Großherzogtum Weimar dagegen =städt, wie bis
dahin dieser unschöne Wechsel in einem und demselben Staat,
ja in einem und demselben preußischen Kreis von Stadt zu
Stadt, von Dorf zu Dorf begegnete?

Die geschichtliche Überkommnis soll man achten, und amt=
liche Vorschrift ist auch in Dingen der Ortsnamenschreibung
immer besser wie bare Willkür; jedoch in der Gewohnheit

irgend eines Dorfschulzen etwa den Namen seines Dorfes mit =städt, =stedt, =stabt oder =statt zu schreiben, wie vielleicht auch einige seiner Amtsvorgänger gethan, liegt keine Ehrfurcht erweckende Macht von Amtsbefugnis oder Geschichte. Wenn der gegenwärtige Präsident der Vereinigten Staaten von Amerika eine permanente Kommission zur Ordnung der geographischen Namen (United States Board on Geographic Names) eingesetzt hat, um auch in solchen Kleinigkeiten wie der Schreibung der Ortsnamenendung -bourg (-bourgh, -borough) Gleichmäßigkeit einzuführen, — wenn das in einem großen Freistaat geschah, warum sollte ähnliches in unserem monarchischen Staatswesen unthunlich sein?

Natürlich müßte über die Rechtschreibung solcher Endungen wie =stedt, =hart (=haart), =bek, =furt, =brok, =werder, =wiek, =reute (=reuthe) u. a. das sachkundige Urteil von Germanisten eingeholt werden; zum Glück haben wir ja an Karl Weinhold einen solchen, der seine Studien auch der Ortsnamenforschung ausgiebig und erfolgreich zugewandt hat.

Gleichfalls unliebsame Verschiedenheiten, wie sie Dr. Pfaff in Freiburg aus dem Badischen erwähnt,*) wo man die betreffenden Ortsnamen bald schriftdeutsch mit =reuthe, bald nach alemannischer Mundart mit =rütte endigen läßt, gehören schon zu der Frage der später zu erörternden Beeinflussung der Ortsnamenschreibung überhaupt durch die Mundart.

Das niederdeutsche =haven scheint sich in Namen wie Wilhelmshaven, Bremerhaven, Kuxhaven festsetzen zu wollen. Aber sollte es nicht möglich sein, das thörichte, obschon „offizielle" c in sämtlichen Ortsnamen mit k zu ersetzen,

---

*) In dem Bericht über die badische historische Kommission (Beilage zur „Allgemeinen Zeitung" vom 28. Juli 1889).

namentlich dort, wo es geradezu falscher Aussprache den Weg bahnt, wie in Cöln, Coesfeld, Cöthen, Cönnern?

In Familiennamen müssen wir die Eigenart schonen, daß völlig gleichlautend ä wechselt mit ae, ö mit oe, ü mit ue. In den deutschen Ortsnamen dürfte hingegen wohl einheitliche Schreibung mit ä, ö, ü für die Diphthonge eintreten, die niederdeutsche Benutzung des e als Dehnungszeichen (z. B. in Coesfeld) ganz unterbleiben. Eine reine Thorheit ist es vollends, daß wir die linksrheinische Ruhr ganz holländisch Roer zu schreiben pflegen. Ai dürfte wohl durchweg mit ei ersetzt werden (s. oben S. 22), außer wo es aus agi durch Verschwinden des g entstanden ist, wie vermutlich in Ainshaus (S. 45). Wie es mit dem th gehalten werden soll, welches sich oft erst in der Neuzeit mißbräuchlich in die Namen auf unseren Karten an Stelle des einfachen t eingeschlichen hat, müßte vorsichtig von germanistischer Seite erwogen werden. Die Frage nach der Berechtigung der Doppelkonsonanten könnte überhaupt nicht allgemeiner Entscheidung unterliegen; sie müßte von Fall zu Fall erledigt werden, da hierbei nicht allein die Phonetik maßgebend erscheint.

4. Die Namenformen sind dem heutigen Sprachgebrauch anzupassen unter Berücksichtigung der Dialektfärbung und ihrer geschichtlichen Entstehung.

Diese wichtige Grundregel ist auf ihre Berechtigung in Wessingers und Dr. Wittes voranstehenden Abhandlungen so vielseitig beleuchtet, daß es genügen wird, hier nur weniges noch hervorzuheben.

Das Volk hat eine Unmasse von Namen, deren ursprüngliche Bedeutung ihm aus dem Sinn gekommen, im Wege der lautlichen Anähnlichung umgeformt. Wir werden derartige Namenwandlungen anerkennen müssen, sobald sie sich im täg-

lichen Gebrauch festgesetzt haben, selbst wenn wir urkundlich
nachzuweisen vermögen, daß sie durch die Ummodelung ihrem
ursprünglichen Sinn völlig entfremdet, vielleicht nun überhaupt
sinnlos sind. Schweinersdorf bleibt Schweinersdorf, obschon
wir erfahren, daß es von Haus aus Schwanhildendorf hieß
(S. 16); auch „Eiergraben" muß leider fortleben, obwohl
wir wissen, daß es eigentlich Eibengraben, also einen bereinst
von Eiben umwachsenen Graben bedeutet (S. 26).

Sehr fraglich dünkt dagegen das Recht auf Forterhaltung
bei Entstellungen, die künstlich herbeigeführt, nicht volkstümlich
geworden sind. Warum sollen wir die Rednitz von Aufnahme
der Pegnitz an Regnitz nennen, weil es einmal einem
lateinischen Poeten im 16. Jahrhundert einfiel, aus Rabanza
gewaltsam Raganza zu machen, damit es sich auf Paganza
reime? Wir Deutsche belegen doch sonst nicht gleich den
Negern am Kongo einen Fluß mit einem neuen Namen von
der Stelle ab, wo er das Gewässer eines Nebenflusses in sich
aufgenommen hat! Wenn ferner das Landvolk um Miesbach
aus althochdeutsch Ahiwinchla Awinkl gemacht hat, warum
sollen wir dann das nur in den Schreiberstuben in dieses
Wort eingepaschte b (S. 22) ehrfurchtsvoll weiterzuführen und
Abwinkl schreiben?

Die „amtliche Schreibung" kann uns schon darum keines=
wegs überall leiten, weil verschiedene Behörden gar oft den=
selben Namen verschieden schreiben und es ihnen dabei nicht
selten begegnet, daß sie wie die „Gebildeten" in dem Bestreben,
den volkstümlichen Namen seines mundartlichen Klanges zu
entkleiden, in die Irre gehen, den Namen fälschen, indem sie
ihm vornehmen, schriftgemäßen Klang zu verleihen beabsichtigten.
Das abschreckende, auf die eben angedeutete Weise aus Dreien=
brunnen entstandene „Treuenbrunnen" (Name der von drei
Quellwassern berieselten Brunnenkreß= und Gemüseflur bei

Erfurt) hat eine Unzahl ebenso jammervoller Bildungen verwandtschaftlich an seiner Seite. Eine Porphyrhöhe bei Niemberg (nordöstlich von Halle) hieß Kemzenberg nach ihren guten Bruchsteinen, wie auch in den Ortschaften des Saalkreises gepflasterte Straßen Kemzen- oder Kemezen-Straße (via lapidea) benannt wurden nach einem sorbenwendischen Ausdruck für Stein, der gleichfalls im Ortsnamen Chemnitz enthalten ist. Daraus hat man einen „Gemsenberg" gestaltet — eine Sünde, die gar nicht wieder gut zu machen ist, weil der Berg die Steine zum Fundament des neuen Bahnhofsgebäudes in Halle hergegeben hat und dadurch seit ein paar Jahren vom Erdboden verschwunden ist. Ähnlich wurde durch sprachliche Unkunde auf dem Meßtischblatt Halberstadt „Der hillige Thie" oder „Thieg" (d. h. heilige Ding- oder Gerichtsstätte) verballhornt in „Das heilige Zeug".*) Das vielberufene „Lederberg" auf Blatt 517 der Karte des Deutschen Reichs (Name der nordwestlichen Fortsetzung des Altvaters) ist nur dadurch zu erklären, daß der aufnehmende Offizier das Wort „Ledderberg" hörte und, der schlesischen Mundart unkundig, „Ledder" irrtümlich schriftdeutsch „Leder" übersetzte, während es Leiter bedeutet. Nur weil man in dem ehrlichen reinen o das dunkel gesprochene a des Altbaiern witterte, hat man in den Amtsstuben aus Roßhof Raßhof, aus Rot-Thal Radthal geformt.

Wie weit man mundartliche Namenformen unverändert auf die Karten aufnehmen soll, ist eine Sache des Taktgefühls. Bairisches „Bichl" (für Bühl, Hügel) mag man als Ortsnamen beibehalten. Volkstümliche Kürzungen von Ortschaftsnamen wird man hingegen meiden, falls nebenher noch in der Schrift und in feierlicherer Rede die vollere Wortform

---

*) Mitgeteilt von Kataster-Kontroleur Herbers in Merseburg.

lebt. Stuckert statt Stuttgart, Almerich statt Altenburg (Dorf bei Naumburg), Nurdsen oder Riedsen-Nurdsen statt Niednordhausen (Dorf im Regierungsbezirk Erfurt) — diese und ähnliche Korruptionen schließen sich schon von selbst von den Karten aus. Doch auch die Form Mo-Berg (auf Blatt 496 der Karte des Deutschen Reiches) oder Moh-Berg (auf dem entsprechenden Meßtischblatt der Neuaufnahme Schlesiens) verdiente in „Mohn-Koppe" umgesetzt zu werden, denn so heißt der Berg von dem an seinem grasigen Abhang wuchernden wilden Mohn (dialektisch: Moh).*) Ähnlicher Flüchtigkeit, die nach schriftdeutschem Ausdruck strebt, wie „Größte Hügel" (S. 75, Nr. 27) ist auf der, sonst in den Namen recht genauen, Generalstabskarte des Großherzogtums Hessen, Blatt Mörfelden, „Höh-Berge" entstammt;**) es muß „Heegberge" heißen, nach dem vorbeifließenden Heegbach; der Kartierer ließ sich täuschen, weil in der dortigen Mundart ein schriftdeutsches „Höhberge" in der That wie „Heechberge" oder „Heegberge" klingen würde. Aus Unachtsamkeit gegen das im Badischen wie im Thüringisch-Sächsischen übliche Erweichen des t in d kam auf die neue topographische Karte des Großherzogtums Baden nahe bei einander Deichelweiher (bei Freiburg), Teichelbobel (bei Günthersthal), dann wieder „im Tobel" östlich von Reichenbach.***)

Ein schönes Beispiel sei noch angefügt zum Beweis, daß Ortskunde, verbunden mit seinem Gehör für die Sprache des gemeinen Mannes, bisweilen gerade noch rechtzeitig unsere Karten vor blödsinniger Namenverderbnis zu retten vermag.

---

*) Mitgeteilt von Dr. Malende in Breslau.
**) Mitgeteilt von dem Landesgeologen Dr. Chelius in Darmstadt.
***) Dr. Pfaff a. a. O.

Jocke*) hat vor kurzem auf den wunderbaren Namen „Mädchenthals Leiden" aufmerksam gemacht, welchen eins der noch nach den hannöverschen Aufnahmen hergestellten Kartenblätter nahe der schmalsten Stelle des Geestrückens zwischen den Landen Hadeln und Wursten zeigt. Der Name bezeichnet ein ödes, wasserloses Heidethal, das sich von jener Stelle des Geestrückens nach der Hadeler Niederung hinabsenkt; ihm entspricht westlich ein ähnliches nach dem Lande Wursten hinab. Jocke hörte im nächsten Dorf den Namen des erstgenannten Thales meist „Mäkenbalsleibe" aussprechen, einmal aber vernahm er „Meckelbalsleibe", und nun war das Rätsel gelöst: ganz offenbar ist letzteres die allein richtige Wortform, die festgehalten zu werden verdient, obwohl eben schon dem Volk selbst die Bedeutung des Namens entschwunden ist; diese geht nämlich zurück auf die frühere Benutzung des „großen Thales" als „Schiffsleibe", d. h. um Boote über den Geestrücken zwischen Hadeln und Wursten zu leiten, herüberzuziehen.

5. **In den gemischtsprachigen Grenzgebieten des Reichs ist die Verdeutschung der Namen maßvoll und nach einheitlichen Grundsätzen anzubahnen.**

Das Deutsche Reich schließt drei Gebiete ein, in welchen die deutsche Sprache nach der Reichsgrenze hin mehr und mehr einer fremden Sprache weicht: eins mit polnischer Sprache im Osten, ein zweites mit dänischer im Norden, ein drittes mit französischer im Südwesten.

Man darf es unserer Reichsregierung nicht als Härte ausbeuten, wenn sie in diesen peripherischen Räumen zunächst

---

*) Abhandlungen, herausgeg. vom Naturw. Verein in Bremen, 12. Bd., 1. Heft, S. 170 f.

den Ortschaften deutsche Namen aufzuprägen sucht, zumal wo schon bisher neben einem solchen fremder Zunge ein deutscher in teilweisem Gebrauch war. In solchem Streben ist unsere Regierung nur die Trägerin des nationalen Gedankens.

Dr. Witte hat uns am Beispiel Deutsch-Lothringens gezeigt, wie besonnen und im allgemeinen auch glücklich die Reichsregierung dort die Umdeutschung der Ortsnamen ins Werk gesetzt hat. Leider liegt eine analoge Kritik für die jüngst erschienenen Meßtischblätter der Aufnahmen in der Provinz Posen noch nicht vor. Jedoch können die wenigen Mißgriffe, welche Dr. Witte für Deutsch-Lothringen nachgewiesen, als typisch bezeichnet werden und somit auch für die beiden anderen fremdsprachigen Randgebiete eine nützliche Warnung geben.

Ganz zweckmäßig ist es offenbar, die fremdsprachigen Ortsnamen mit denjenigen deutschen zu ersetzen, die entweder noch (oder schon) am Ort selbst gebraucht werden, bezüglich gebraucht wurden, oder die wenigstens im Munde benachbarter Gemeinden lebendig sind (S. 66). Aber es gilt sorgfältiger die archivalischen Quellen für Wiedererweckung verklungener Namen zu verwerten, damit nicht solche Mißgriffe geschehen wie beim Ersatz von Juvelize mit Geistkirch statt mit Gerskirchen (S. 65). Nur gründliches Zurückgehen auf die ursprüngliche Namenform vermag vor Bildung so unglücklich hybrider Mißgestalten zu bewahren wie Habudingen (statt Hoblingen, S. 68), Baronweiler (statt Barendorf, S. 69). Gleichfalls liegt etwas Hybrides in der Fortführung des französischen z an Stelle des deutschen s in den Namen Suzingen, Zondringen, Anzelingen (S. 68 f.). Unersindlich ist ferner der Grund für Aufnahme des halb deutschen, halb französischen Saarunion auf das betreffende Meßtischblatt, zumal der sehr alte, gut deutsche Name der Stadt (Buckenheim) bei der Landbevölkerung des nordöstlichen Lothringen fast ausschließlich im Gebrauch ist (S. 72). Eine Mehrzahl anderer Fälle, in welchen ungerechtfertigter Weise die gut belegte deutsche Benennung bei der Generalstabs-Kartierung Deutsch-Lothringens zu gunsten der französischen keine Beachtung fand, zählt Dr. Witte S. 70 f. auf.

Nicht genügend folgerichtig ist endlich verfahren in Umdeutschung der appellativischen oder sonst einen Gattungsbegriff bezeichnenden Endungen deutsch-lothringischer Ortsnamen. So blieb die französierte Endung -ange (statt -ingen), bei einer kleineren Anzah von Dorfnamen ohne ersichtlichen Grund bewahrt (S. 67 f.), während das deutsche -weiler nicht bloß für -villers eintrat, was unzweifelhaft gerechtfertig erscheint, sondern auch für -ville, was wohl besser mit -dorf wiedergegeben würde (S. 69).

6. **Staat und Wissenschaft sind berufen die Berichtigung der Namen in Gemeinschaft zu erwirken.**

Jeder wird dem von Wessinger oben (S. 41 f.) näher begründeten Urteil beistimmen: „Der Staat muß den ersten Schritt zur Durchführung einer verbesserten Schreibung der Ortsnamen machen." Nur scheint es, wie bereits S. 80 angedeutet wurde, vielmehr Sache des Deutschen Reichs im ganzen als seiner Einzelstaaten zu sein, hierin vorzugehen, wenigstens die für das ganze Reichsgebiet giltigen Grundsätze aufzustellen.

Der oberste dieser Grundsätze sollte aber der sein: bei Herstellung der maßgebenden Generalstabskarten für die korrekte Namenauswahl nicht mehr den mit der Aufnahme des betreffenden Blattes betrauten Offizier so gut wie allein sorgen zu lassen, vielmehr hierfür eine Mehrzahl orts-, sprach- und geschichtskundiger Männer herbeizuziehen.

Die Leistungen unserer aufnehmenden Offiziere sind höchster Achtung würdig. Ein jeder von ihnen hat innerhalb der sechs Sommermonate im Mittel 128 Quadratkilometer zu bewältigen! Wer dürfte es ihm zum Vorwurf machen, wenn er betreffs der Namen der in die Karte aufzunehmenden Gegenstände nicht immer das Richtige trifft? Einerseits darf ihm die Nomenklatur seines Aufnahmeblatts gar nicht die Hauptsache seiner mühereichen Arbeit sein; er würde ja dadurch den obersten Zweck, die Genauigkeit seiner Zeichnung, zu leicht aus dem Auge verlieren und einer Nebensache ungebührlich Zeit wie Kraft widmen. Andererseits ist er außer auf schon vorliegende ältere Karten des ihm überwiesenen Geländes einzig an die örtlichen Behörden in Namenfragen gewiesen, ja hinsichtlich der Schreibweise von Ortsnamen sogar an die „behördlich übliche" gebunden.

Der Wissenschaft indessen und auch dem Herzen unseres Volks sind die Namen der deutschen Heimat gar keine Geringfügigkeit; sorglichere Ermittelung der richtigen Namenformen kann wiederum nur freudigst begrüßt werden von der Praxis des täglichen Verkehrs, der Staatsregierung, wahrlich nicht am wenigsten der Heeresverwaltung. Um dies schöne Ziel zu erreichen, bedarf es zum Glück kaum einer Verteuerung unserer amtlichen Landesaufnahme: mit Freuden werden landeskundliche und landesgeschichtliche Vereine nebst einer stattlichen Anzahl ortskundiger Einzelforscher bereit sein an dem Werk gründlichster Feststellung der Namen ihrer engeren Heimat mitzuarbeiten. Dann wird man keine Gemsenberge mehr mitten in die Korn- und Rübenfelder der deutschen Niederung hineinzaubern wie vordem, als für solche Dinge der nächste Dorfschulze die Ausschlag gebende Autorität war!

Die Zentral-Kommission für wissenschaftliche Landeskunde von Deutschland hat es bereits auf dem deutschen Geographentag des Jahres 1889 ausgesprochen, daß sie es für ihre Pflicht erachtet in dieser Beziehung die Vermittlerrolle zu übernehmen. Die Obmänner der einzelnen Bezirke, in welche diese Kommission das Deutsche Reich für ihre Aufgaben geteilt hat, würden es sich sämtlich aufs gewissenhafteste angelegen sein lassen ihre Sach- und Personenkenntnis in den Dienst der großen, bisher gar oft unterschätzten Sache zu stellen, welcher vorliegende Schrift ernsthaftere Beachtung weiterer Kreise, eingehendere Fürsorge der leitenden Behörden gewinnen möchte.

Druck von Oswald Mutze in Leipzig.